21 世纪全国应用型本科电子商务与信息管理系列实用规划教材

ERP 沙盘模拟教程

主　编　周　菁
副主编　谢　筠　吴云端

内容简介

本书以用友 ERP 沙盘为基础,按 ERP 沙盘演练的实际教学流程,为经济与管理类学生开展跨专业综合实训设计了一套完整的教学组织方案和教学内容。本书共分 6 章,包括 ERP 沙盘模拟概况、ERP 沙盘模拟与企业主要经营管理过程、ERP 沙盘模拟中的角色职责和企业运营规则、ERP 沙盘模拟起始状态和预演练、ERP 沙盘模拟策略、ERP 沙盘模拟业务运营记录。

本书提供了与 ERP 沙盘模拟经营相关的理论知识框架,对 ERP 沙盘模拟中实际运用的各种战略和策略的制定、应用进行了较为详细的分析,并为学生进行 ERP 沙盘模拟经营提供了若干实用的表格工具。本书以企业管理理论为基础,重点在于指导学生的实际操作,尤其重视相关企业管理理论知识在 ERP 沙盘模拟中的实际运用。

本书可作为高等院校经济、管理类专业的本科教材,也可作为企业和社会培训管理技能的参考书籍。

图书在版编目(CIP)数据

ERP 沙盘模拟教程/周菁主编. —北京:北京大学出版社,2013.4
(21 世纪全国应用型本科电子商务与信息管理系列实用规划教材)
ISBN 978-7-301-22393-2

Ⅰ. ①E… Ⅱ. ①周… Ⅲ. ①企业管理—计算机管理系统—高等学校—教材 Ⅳ. ①F270.7

中国版本图书馆 CIP 数据核字(2013)第 073116 号

书　　　名:ERP 沙盘模拟教程
著作责任者:周　菁　主编
责任编辑:刘　丽
标准书号:ISBN 978-7-301-22393-2/C·0894
出版发行:北京大学出版社
地　　　址:北京市海淀区成府路 205 号　100871
网　　　址:http://www.pup.cn　新浪官方微博:@北京大学出版社
电　　　话:邮购部 62752015　发行部 62750672　编辑部 62750667　出版部 62754962
电子信箱:pup_6@163.com
印　刷　者:北京鑫海金澳胶印有限公司
经　销　者:新华书店
　　　　　　787 毫米×1092 毫米　16 开本　13 印张　267 千字
　　　　　　2013 年 4 月第 1 版　2017 年 6 月第 4 次印刷
定　　　价:26.00 元

未经许可,不得以任何方式复制或抄袭本书之部分或全部内容。
版权所有,侵权必究
举报电话:010-62752024　电子信箱:fd@pup.pku.edu.cn

21世纪全国应用型本科电子商务与信息管理系列实用规划教材
专家编审委员会

主　　任　　李洪心

副 主 任　　(按拼音顺序排名)

　　　　　　程春梅　　　庞大莲　　　秦成德

委　　员　　(按拼音顺序排名)

　　　　　　陈德良　　　陈光会　　　陈　翔

　　　　　　郭建校　　　李　松　　　廖开际

　　　　　　帅青红　　　谭红杨　　　王丽萍

　　　　　　温雅丽　　　易法敏　　　张公让

法律顾问　　李　瑞

丛 书 序

随着电子商务与信息管理技术及应用在我国和全球的迅速发展，政府、行业和企业对电子商务与信息管理的重视程度不断提高，我国高校电子商务与信息管理人才培养的任务也不断加重。作为一个新兴的跨学科领域的专业，电子商务与信息管理的教育在快速发展的同时还存在着许多值得我们思考和改进的问题。特别是开办电子商务专业和信息管理专业的学校学科背景不同，有文科的、理工科的、经管类学科等，使得不同学校对核心课程的设置差异很大；另外，近年来有关电子商务与信息管理方面的教材出版的数量虽然不少，但适合于财经管理类知识背景本科生的电子商务系列与信息管理系列教材一直缺乏，而在开办电子商务和信息管理本科专业的高校中，财经管理类的高校占的比重很大。为此北京大学出版社于2006年11月在北京召开了"21世纪全国应用型本科财经管理系列实用规划教材"研讨会暨组稿会，会上出版社的领导和编辑通过对国内经管类学科背景的多所大学电子商务与信息管理系列教材实际情况的调研，在与众多专家学者讨论的基础上，决定成立电子商务与信息管理系列丛书专家编审委员会，组织编写和出版一套面向经管类学科背景的电子商务与信息管理专业的应用型系列教材，暨"21世纪全国应用型本科电子商务与信息管理系列实用规划教材"。

本系列教材的特点在于，按照高等学校电子商务专业与信息管理专业对本科教学的基本要求，参考教育部高等学校电子商务专业与信息管理专业的课程体系和知识体系，定位于实用型人才培养。

本系列教材还体现了教育思想和教育观念的转变，依据教学内容、教学方法和教学手段的现状和趋势进行了精心策划，系统、全面地研究普通高校教学改革、教材建设的需求，优先开发其中教学急需、改革方案明确、适用范围较广的教材。此次教材建设的内容、架构重点考虑了以下几个要素。

(1) 关注电子商务与信息管理发展的大背景，拓宽经济管理理论基础、强调计算机应用与网络技术应用技能和专业知识，着眼于增强教学内容的联系实际和应用性，突出创造能力和创新意识。

(2) 尽可能符合学校、学科的课程设置要求。以高等教育的培养目标为依据，注重教材的科学性、实用性和通用性，尽量满足同类专业院校的需求。

(3) 集中了在电子商务专业与信息管理专业教学方面具有丰富经验的许多教师和研究人员的宝贵意见，准确定位教材在人才培养过程中的地位和作用。面向就业，突出应用。

(4) 进行了合理选材和编排。教材内容很好地处理了传统内容与现代内容的关系，补充了大量新知识、新技术和新成果。根据教学内容、学时、教学大纲的要求，突出了重点和难点。

(5) 创新写作方法，侧重案例教学。本套教材收集了大量新的典型案例，并且用通俗易懂的方式将这些案例中所包含的电子商务与信息管理的战略问题传授给读者。

前任联合国秘书长安南在联合国 2003 年电子商务报告中说:"人类所表现出的创造力,几乎都没有像互联网及其他信息和通信技术在过去十年中的兴起那样,能够如此广泛和迅速地改变社会。尽管这些变革非常显著,然而消化和学习的过程却只是刚刚开始。"可以说没有一个学科像电子商务与信息管理这样如此完美地融技术与管理于一体,也没有哪一个人的知识能如此的全面丰富。参与本系列教材编写的人员涉及国内几十所高校的几十位老师,他们均是近年来从事电子商务与信息管理教学一线的高校教师,并均在此领域取得了丰富的教学和科研成果。所以本系列教材是集体智慧的结晶,它集所有参与编写的教师之长为培养电子商务与信息管理人才铺垫基础。

在本系列教材即将出版之际,我要感谢参加本系列教材编写和审稿的各位老师所付出的辛勤劳动。由于时间紧,相互协调难度大等原因,尽管本系列教材即将面世,但一定存在着很多的不足。我们希望本套系列教材能为开办电子商务和信息管理专业的学校师生提供尽可能好的教学用书,我们也希望能得到各位用书老师的宝贵意见,以便使编者们与时俱进,使教材得到不断的改进和完善。

2007 年 11 月于大连

李洪心 李洪心博士现为东北财经大学教授,教育部高等学校电子商务专业教学指导委员会委员,劳动和社会保障部国家职业技能鉴定专家委员会电子商务专业委员会委员,中国信息经济学会电子商务专业委员会副主任委员。

前　言

随着我国经济活动日渐复杂和多样化，经济管理类毕业生面临的是一种多元、开放和动态的工作环境，对毕业生知识结构和职业能力提出了更高的要求。一方面，随着我国高等教育的大众化，高校人才培养重心下移，越来越多的高校经济管理类毕业生进入企业基层工作，应用型人才培养成为经济管理类本科层次人才培养的重点；另一方面，高等院校传统的教学模式中重理论、轻实践的局面没有得到根本的改变，经济管理类毕业生走上实际工作岗位时，在应用能力与综合专业素质上难以达到社会的要求。改革高等院校人才培养模式，强化实践教学环节，在知识学习的同时，加强学生应用能力与综合专业素质的培养，已成为各高等院校经济管理类专业教学改革方向的共识。

ERP沙盘模拟是一门具有实践性、互动性、竞争性、体验性的综合实验课程，它通过模拟手段，把企业经营所处的内、外部环境抽象为一系列规则，由学生组成互相竞争的模拟企业，在分析市场、制定战略、组织生产、整体营销和财务核算等一系列活动中体验企业经营运作的全过程，加深学生对理论知识的理解，提高学生综合运用企业管理理论知识解决企业实际经营问题的能力，有利于培养知识面宽、应用能力强、综合专业素质高的经济管理类应用型人才。

本书共分6章和两个附录。第1章主要介绍ERP系统和ERP沙盘系统的基本概念、ERP沙盘模拟的课程特色和教学组织，旨在阐释什么是ERP沙盘模拟；第2章主要介绍企业管理主要过程及其理论知识，旨在帮助学生学习进行ERP沙盘模拟需要的理论知识；第3章主要介绍ERP沙盘模拟中各角色的岗位职责以及ERP沙盘模拟的运营规则，旨在让学生清楚自己的工作任务，并了解工作中需要遵循的各项规范；第4章主要介绍ERP沙盘模拟起始状态和预演练，旨在让学生了解模拟企业经营的起点，并熟悉ERP沙盘模拟经营的流程及实物沙盘和电子沙盘的操作方法；第5章主要介绍ERP沙盘模拟策略，旨在指导学生运用企业管理理论知识解决模拟经营中的实际问题，包括进行企业战略分析和战略选择，制定企业的营销策略、财务策略、生产策略和研发策略等；第6章是ERP沙盘模拟运营记录，包括6年的企业运营记录表，要求每个模拟企业每年完成企业运营流程表、订单登记表、产品核算表、综合管理费用表、利润表和资产负债表，共6张表格的完整记录，旨在反映各个模拟企业6年内的经营过程；附录A是各种不同市场规模的市场预测资料，旨在为各模拟企业经营决策提供参考；附录B是几个ERP沙盘模拟中的实用工具，旨在让学生能更好地开展模拟企业的经营活动。

本书具有以下特点。

(1) 编写中注重教材的系统性和可操作性。按照教学过程来组织教材的内容和章节顺序。首先，让学生了解ERP沙盘模拟的基本概念，并学习ERP沙盘模拟经营中所涉及的企业管理理论知识；其次，让学生了解各个角色在ERP沙盘模拟中的职责，清楚各自在模拟企业经营中的工作任务；再次，通过预演练让学生熟悉模拟企业经营流程和沙盘操作方法。接下来让学生自主进行6年的经营运作；最后，让学生对全部经营活动进行总结。

(2) 强化对模拟企业经营活动的分析。与其他同类教材比较，本书在第 5 章强化了对 ERP 沙盘模拟的策略分析，并适当加入了 ERP 沙盘模拟的实际案例，用以指导学生以企业管理理论知识为基础，制定模拟企业的实际经营策略，提高学生将所学理论知识运用于实际企业经营的能力，并引导学生加深对理论知识的理解，激发学生理论知识学习的热情。

(3) 提供了若干 ERP 沙盘模拟实用工具。教师在长期的教学实践中总结了一套自己的教学方法，用若干个完整、简单、明了的表格来指导学生进行 ERP 沙盘模拟的各项决策。

本书由周菁负责全书结构的设计、草拟写作提纲、组织编写工作和最后统稿定稿。各章具体分工如下：第 1 章由谢筠(肇庆学院经济与管理学院)、周菁(肇庆学院经济与管理学院)共同编写；第 2 章由吴云端(肇庆学院经济与管理学院)、周菁共同编写；第 3、4、6 章由周菁编写；第 5 章由周菁、谢筠共同编写；附录 A 和附录 B 由周菁整理。谢筠、吴云端对全书进行了全面的校对。

本书在编写过程中，参考了有关书籍和资料，在此向其作者表示衷心的感谢！本书的编写得到肇庆学院经济与管理学院丁孝智院长、刘玉勋副院长、龙镇辉副院长及其他领导的大力支持和鼓励，在此表示衷心的感谢！本书在出版过程中，得到北京大学出版社的大力支持，在此一并表示衷心的感谢！

由于作者水平所限，书中难免存在疏漏之处，敬请广大读者批评指正。

编　者

2013 年 1 月

目 录

第1章 ERP 沙盘模拟概况 1
1.1 ERP 沙盘简介 2
1.1.1 ERP 概述 2
1.1.2 ERP 沙盘模拟概述 2
1.2 ERP 沙盘模拟的课程特色 2
1.3 ERP 沙盘模拟的教学组织 4
1.3.1 ERP 沙盘模拟的教学过程 4
1.3.2 ERP 沙盘模拟工具 6
本章小结 7

第2章 ERP 沙盘模拟与企业主要 经营管理过程 8
2.1 企业战略管理 9
2.1.1 企业战略与企业战略管理的含义 9
2.1.2 战略管理过程 9
2.1.3 企业战略管理常用分析工具 ... 10
2.1.4 企业总体战略 13
2.1.5 经营单位竞争战略 16
2.2 企业人力资源管理 17
2.2.1 人力资源与人力资源管理 17
2.2.2 人力资源管理与企业战略 18
2.2.3 人力资源管理的目标与职能 ... 18
2.3 市场营销管理 18
2.3.1 市场营销与市场营销管理 18
2.3.2 市场营销管理的过程 19
2.3.3 企业目标市场战略 20
2.3.4 市场营销组合策略 22
2.4 企业财务管理 27
2.4.1 财务管理概述 27
2.4.2 财务管理的内容 28
2.4.3 现金使用预算 28
2.4.4 财务分析 30
2.5 企业生产过程管理 33
2.5.1 生产过程与生产管理 33
2.5.2 生产管理实施 34
本章小结 35

第3章 ERP 沙盘模拟中的角色职责和 企业运营规则 36
3.1 ERP 沙盘中的角色分工及职责定位 ... 37
3.1.1 总经理职责 37
3.1.2 财务总监(兼任会计)职责 38
3.1.3 营销总监职责 39
3.1.4 生产总监(兼研发总监)职责 ... 41
3.1.5 采购总监职责 42
3.2 ERP 沙盘模拟中的企业运营规则 ... 42
3.2.1 市场规则 42
3.2.2 生产规则 46
3.2.3 融资规则 51
3.2.4 其他规则 53
3.2.5 破产规则 54
本章小结 55

第4章 ERP 沙盘模拟起始状态和 预演练 56
4.1 ERP 沙盘模拟起始状态设定 57
4.1.1 模拟企业的基本情况 57
4.1.2 模拟企业的财务状况 57
4.1.3 模拟企业的经营成果 60
4.2 新一届管理层预演练 62
4.2.1 年初运营项目 65
4.2.2 四季运营项目 72
4.2.3 年末运营项目 92
本章小结 96

第5章 ERP 沙盘模拟策略 97
5.1 企业战略分析与选择 98
5.1.1 企业战略分析 98

5.1.2　企业战略选择 101
5.2　企业营销策略 110
　　5.2.1　目标市场选择 110
　　5.2.2　产品组合策略 112
　　5.2.3　产品生命周期营销策略 113
　　5.2.4　广告策略 113
5.3　企业财务策略 114
　　5.3.1　认识报表 114
　　5.3.2　填列报表 115
　　5.3.3　财务分析 117
5.4　企业生产策略和新产品研发策略 ... 124
　　5.4.1　生产线建设策略 124
　　5.4.2　厂房策略 125
　　5.4.3　生产计划 125
　　5.4.4　原材料采购计划 125
　　5.4.5　新产品研发策略 126

　　5.4.6　ISO 认证策略 126
本章小结 126

第 6 章　ERP 沙盘模拟业务运营记录 127

6.1　第一年业务运营记录 129
6.2　第二年业务运营记录 135
6.3　第三年业务运营记录 141
6.4　第四年业务运营记录 147
6.5　第五年业务运营记录 153
6.6　第六年业务运营记录 159
本章小结 165

附录 A　市场预测资料 167

附录 B　ERP 沙盘模拟实用工具 194

参考文献 196

第1章 ERP 沙盘模拟概况

教学要点

通过本章的学习，要求了解 ERP 和 ERP 沙盘模拟；了解 ERP 沙盘模拟的课程特色；了解 ERP 沙盘模拟的教学过程，掌握 ERP 沙盘模拟常用工具。

知识架构

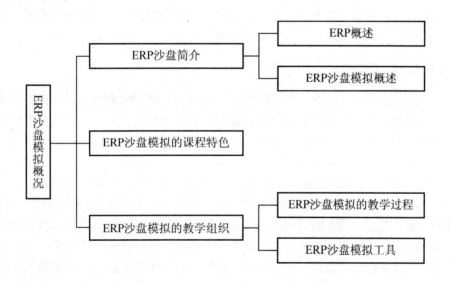

1.1 ERP 沙盘简介

1.1.1 ERP 概述

ERP(Enterprise Resource Planning，企业资源计划)是由美国 Gartner Group 咨询公司在 1993 年首先提出的，是一个内涵和外延都很丰富的概念，在体现企业管理理论的同时，也提供了企业信息化集成的解决方案。ERP 以系统化的管理思想，为企业决策层及员工提供决策运行手段的管理平台，它把企业的物流、工作流、资金流、信息流、价值流这五流统一起来，协调企业各管理部门，为企业提供决策、计划、控制和经营业绩评估的全方位和系统化的管理平台，把客户需求、企业内部生产经营活动及供应商资源整合在一起，提高企业的核心竞争力，以实现企业的最优化管理及取得最佳经济效益。

ERP 系统是一个战略工具，可以在企业的战略层面、管理层面和业务层面这三个层次上为企业提供支持。在战略层面，ERP 系统可以帮助企业管理人员将历史数据和汇总数据进行深加工，从中抽取、过滤、综合和跟踪关键数据，并形成趋势预测和例外报告，支持战略计划；在管理层面，可以促进实时管理的实施，强化内部控制，从以事后监督为主的控制向以事前预防、事中检查为主和事后纠正为辅的控制转变，提升管理水平；在业务层面，可以集成、优化业务流程，合理利用资源，从而降低业务成本。

1.1.2 ERP 沙盘模拟概述

沙盘模拟的概念最初来自于"作战指挥"，敌我双方的高级指挥员模拟战场的地形、地貌制作沙盘模型，进行战略部署。ERP 沙盘模拟就是利用类似原理，作为企业经营管理仿真教学系统，把企业各个部门的运作及所处的内外部环境抽象为一系列简化的规则，设计在 ERP 沙盘盘面上，通过模拟企业经营，让学生切身体会制定战略、市场分析、组织生产、材料采购、财务管理等复杂的企业经营管理活动。虽然 ERP 沙盘模拟的规则设计比较简单化、理想化，但学生通过在这个模型上进行演练，可以增强将所学理论知识应用到实践中的能力。

ERP 沙盘模拟是针对 ERP 系统设计的角色体验实验平台，由沙盘模拟教具和教学软件组成。课程中把学生分成若干个小组，每个小组就是一家模拟公司，由 5~7 名学生组成，学生在公司中分别担任总经理、财务总监、营销总监、采购总监和生产总监等职位；模拟公司目前处于成长期，各公司起始年度的财务数据完全相同，通过 ERP 沙盘这一载体，进行六年的对抗演练；六年经营结束后进行学生感悟、教师讲评等一系列总结环节。该课程融理论与实践、角色扮演与岗位体验于一体，使学生感悟企业管理过程，培养团队合作精神及共赢意识。

1.2 ERP 沙盘模拟的课程特色

教育目标是由特定的社会领域和特定的社会层次需求所决定的，教育要适应不断变化的社会环境，为日益拓展的职业界做准备，培养复合型专业人员应具备的能力和素质。目前经济管理类专业是我国高校招生人数较多的专业之一，但其毕业生的就业形势并不乐观。一方面，大部分用人单位对经济管理类毕业生的实践操作能力不满意；另一方面，我国的经济管理类高端人才又十分紧缺。为此，高校需要对现有教学模式进行一系列的改革。

ERP沙盘模拟课程是一种有益的尝试，是对学生知识要求比较全面的一门课程。该课程通过直观的企业经营沙盘来模拟企业运行状况，让学生在分析市场、制定战略、组织生产、整体营销和财务核算等一系列活动中体会企业经营运作的全过程。在沙盘情景下亲历职业角色，达到将所学知识和技能融会贯通的目的，经历一个从理论到实践再到理论的上升过程，使学生在参与、体验中完成从知识到技能的转化。ERP沙盘模拟课程可以为学生搭建完备的实践教学平台，提高学生的动手能力及理论联系实践的能力，同时能将各门学科进行对接，加深对理论知识的理解。该课程还可以培养学生的动手能力、沟通能力、团队合作能力，以及组间的协作精神。具体来说，该课程具有以下特点。

1. 情境模拟，直观生动

ERP沙盘模拟通过实物沙盘和电子沙盘模拟一个相互竞争、相互协作的市场环境，各组通过完成市场竞单、产品研发、市场开拓、材料采购、加工生产、产品销售、编制报表等一系列企业运营业务，使学生能够更形象、直观地理解企业经营的基本流程，尝试运用所学理论知识解决具体的经营问题，在此过程中获得真实的、直观的竞争、合作体验与运营经验。ERP沙盘模拟教学能够充分调动学生参与的积极性，提高学生课程融入程度，学生在课程结束前总结说，这是他们大学学习中最积极、最投入的一门课程，吃饭、睡觉都在想着什么策略是最好的策略。而通过沙盘模拟这种体验式的互动学习，融角色扮演、案例分析和专家诊断于一体，使枯燥的课程变得生动有趣，可以激发参与者的竞争热情，培养危机意识。

2. 综合性强，体现相关课程间的关联性

随着经济活动日渐复杂化和多样化，不确定性经济事项日益增多，经济管理类毕业生面临的是一种多元、开放和动态的工作环境，对其知识结构和职业能力提出了更高的要求。以往各门课程的学习基本上是相互独立的，虽然教师在授课时也会向学生介绍各门课程之间的联系，但学生缺乏感性的体验，也缺少将各门知识综合起来运用的平台。ERP沙盘模拟是一门综合性极强的实验课程，涵盖了企业战略管理、生产管理、质量管理、市场营销管理、财务管理、团队沟通等多门课程的知识，将复杂、抽象的经营管理理论通过沙盘模拟这一直观的形式表现出来，使学生体会到工作岗位对知识的需求，引导学生对所学知识进行回顾、梳理、综合并加以运用，增强了学生的学习动力。

3. 有利于培养学生的团队合作精神和沟通能力

在ERP沙盘模拟中，模拟企业中的每位学生分别扮演不同的角色，独立完成各自的职责，实现企业的良性有序运营。然而，企业各个部门的运转并不是独立的，而是相互联系、相互制约的，各角色需要了解其所在部门在企业中的作用，做好部门之间的协调工作，在制定经营策略时,需要从全局出发,统筹兼顾,综合平衡。当学生对企业经营活动持不同观点时,需要反复沟通、协调,只有小组内部各成员之间相互配合、协作,以企业总体最优为出发点,才能把企业经营好。在 ERP 沙盘模拟课程学习过程中,可以增强学生的团队合作精神,提高其沟通技巧,并学会站在全局的高度考虑具体工作。

4. 有利于培养学生的专业实践能力,提高综合素质

目前我国企业界和教育界之间没有一个固定长久的合作关系和联系机制,实践性教学环节不能形成一个良好而持久的运行机制,阻碍了实践教学环节的有效实施。ERP 沙盘模拟课程通过体验式的教学模式,可以有效地培养学生的综合能力。比如,课程开始阶段,各组要进行企业设计,其中企业标识设计及经营理念、加油口号的设计可以锻炼学生的创新思维能力和文字能力,上台介绍可以锻炼学生的口头表达能力。课程进行过程中,各组要模拟六年的企业经营,其间涉及企业管理的方方面面,通过体验企业的经营流程,培养学生对企业内部与外部环境的了解,并对其变化作出敏锐的反应;培养学生制定企业发展战略,改善组织运营效率,增加组织价值,实现组织目标的能力;培养学生对数据的分析和运用,对风险的分析和控制,利用现代信息技术的能力。课程结束阶段,老师的讲评及各组代表的上台总结,可以使学生就六年企业经营中得到的经验及教训进行深入的思考,将理论与实践相联系,将所涉及的各门学科进行更好的对接,加深对理论知识的理解,提高学生的综合素质。

1.3 ERP 沙盘模拟的教学组织

1.3.1 ERP 沙盘模拟的教学过程

1. 组建模拟公司

ERP 沙盘模拟由多家企业组成模拟的市场环境,通常以随机方式将参加课程学习的学生分为若干组,每个组 5~7 名学生,一个小组构成一个模拟企业。模拟企业成员确定以后,要求各企业进行企业设计,包括设计企业名称、企业标识、经营理念等。

2. 岗位分工和职责确定

各模拟企业成立后,要根据 ERP 沙盘模拟的要求,明确企业组织架构、岗位设置及其职责。ERP 沙盘模拟中设置的岗位有总经理、信息总监、销售总监、财务总监、生产总监、采购总监等。若企业人数超过 6 人,可以在某些重要岗位设置助理职位,如总经理助理、财务总监助理等。在课程开始时,要求各模拟企业根据组员的特点进行合理分工,每个学生都必须明确各自的岗位及职责。另外,为了使学生通过本课程得到多方面能力的提升,可以在连续几年的模拟经营过程中进行企业内角色轮换,从而体验角色转换后考虑问题出发点的相应变化,学会换位思考。

3. 相关理论知识学习

在 ERP 沙盘模拟中，需要运用多门学科的理论知识，包括战略管理、营销管理、生产运作管理、人力资源管理、财务管理、信息情报管理等。在正式开始企业运营之前，需要引导学生对已学的相关理论知识进行回顾，使其在 ERP 沙盘模拟经营过程中，自觉运用相关理论知识来解决企业经营中的实际问题。

4. 经营规则学习

ERP 沙盘模拟有一整套经营规则，包括生产规则、研发规则、市场规则、融资规则等，它们是模拟企业开展具体业务活动的约束条件，是模拟企业进行市场竞争和企业经营必须遵守的行为规范，所有学生都必须认真学习规则，熟悉规则，并在实际经营过程中严格遵守规则。

5. 起始状态设定

ERP 沙盘模拟企业的经营不是从创建企业开始的，而是接手一个已经经营了三年的企业，这是模拟经营的起点。通过该企业第三年的财务报表及第三年末的基本盘面，可以了解接手企业时的基本情况。教师可以根据实际情况需要来设定企业的起始状态，为模拟企业正式经营做好准备。

6. 企业经营预演练

为了让学生熟悉 ERP 沙盘模拟的运营流程、经营规则，以及实物沙盘和电子沙盘的操作方法，教师需要带领学生进行为期一年的预演练。在预演练年中，教师将统一制订模拟企业的年度规划，统一投放广告的额度，各模拟公司获得相同的订单，在教师的指导下，严格按企业运营流程表中的流程进行企业经营。在经营完成之后，要求各小组独立完成预演练年的综合管理费用表、利润表和资产负债表的填列工作。教师针对学生在完成以上三个财务报表过程中遇到的问题进行指导，为学生开始正式经营做准备。

7. 模拟企业实际经营

模拟企业实际经营是 ERP 沙盘模拟中最重要的部分，由学生自主完成，教师充当指导者的角色，帮助学生解决在经营中遇到的技术问题。模拟经营按年度展开，每个经营年度又分为 4 个经营季度。沙盘模拟课程通常要求学生完成六年的实际经营，每个经营年度的工作依次是：市场信息收集与分析—召开年度规划会议—广告投放与订单选取—制订企业年度计划(包括年度生产计划、原材料采购计划、产品研发计划、现金计划等)—执行年度经营—财务核算—年度经营总结。

8. 总结与点评

学生在 ERP 沙盘模拟课程的学习中要想获得理想的学习效果，必须及时对经营过程中的经验、教训进行总结，并上升到一定的理论高度。因此，每个经营年度完成以后，教师要结合专业理论知识和各模拟企业的实际情况,针对普遍存在的问题和典型案例进行分析,帮助学生总结经验教训,及时发现经营中的错误,调整经营战略。全部模拟经营结束后,首先,要求模拟企业各位同学撰写岗位职责履行情况总结,然后要求各模拟企业进行全面总结;其次,要求各模拟企业制作总结演示文稿,在总结会上进行报告,让参与学习的学生相互分享成功经验与失败教训;最后,指导教师从专业知识角度总结点评整个 ERP 沙盘模拟经营的总体情况,并提出进一步思考的问题。

1.3.2 ERP 沙盘模拟工具

1. 实物沙盘

实物沙盘由各种用于 ERP 沙盘模拟的实物道具组成,每个模拟企业都配备一套实物沙盘道具,包括一张系统盘面,不同颜色的原材料、现金币、小塑料桶、产品标识、生产线标牌、生产资格证书、市场准入证书、ISO 资格认证证书等。

实物沙盘是一家制造企业的缩影,它反映企业经营的过程和结果,具有直观、形象的特点,在学生进行模拟经营过程中具有不可替代的作用。在学生进行电子沙盘模拟经营操作之前,可反复在实物沙盘上进行推演。当整个经营过程确定无误之后,再进行电子沙盘的操作。

2. 电子沙盘

ERP 电子沙盘是模拟企业经营活动的软件系统,是基于流程的互动经营模式的模拟经营平台。该系统与实物沙盘相结合,继承了 ERP 实物沙盘直观形象的特点,同时实现了选单、经营流程控制、财务报表核对、经营成果分析以及融资、交货等业务的自动化,将教师从选单、数据录入、现场监控、财务报表核对等事务性工作中解放出来,将重点放在对学生经营过程的指导和分析总结上。

在教学过程中,为了保证各组竞争的公平性,我们通常不允许对电子沙盘操作进行后退修改。因此,模拟企业在电子沙盘操作过程中要十分小心,正式操作电子沙盘之前,要在实物沙盘上反复进行推演。

3. 市场预测资料

市场预测资料是模拟企业拟定经营战略、确定营销策略和广告策略的基本依据。各模拟企业的总经理、信息总监、销售总监要认真分析各个市场、各个产品的市场需求数量以及产品的平均价格水平,以确定本企业的产品战略和选择目标市场。附录 A 中分别是 6~12 家模拟企业的市场预测资料,供模拟企业制定相关的经营决策时参考。

4. 实用表格工具

为了帮助学生在 ERP 沙盘模拟中更好地进行经营活动,学会制订各种企业计划,附录 B 为学生提供了几个实用的表格工具,主要有企业年度规划表、企业产能表、生产计划表、原材料采购计划表和现金计划表。运用这些实用表格,学生可以清楚地理解年度规划的主要内容、企业产能的计算方法、企业生产计划的主要内容、企业原材料采购计划的制订原理,以及企业现金计划的内容与方法,以便更好地开展企业经营,并能更好地理解相关的企业管理理论知识。

本 章 小 结

本章主要介绍了什么是 ERP 沙盘、ERP 沙盘模拟的课程特色和 ERP 沙盘模拟的教学组织。ERP 沙盘模拟的课程特色介绍了 ERP 沙盘模拟的若干特色;ERP 沙盘模拟的教学组织介绍了 ERP 沙盘模拟的教学过程和 ERP 沙盘模拟工具。

第2章 ERP 沙盘模拟与企业主要经营管理过程

教学要点

通过本章的学习，要求了解 ERP 沙盘模拟经营中涉及的企业主要经营管理过程，掌握企业战略分析与选择的方法与思路，掌握市场营销管理的内容和营销组合策略的制定，了解人力资源管理、生产运作管理的基本方法与内容，掌握企业财务管理的内容以及财务分析的方法。

知识架构

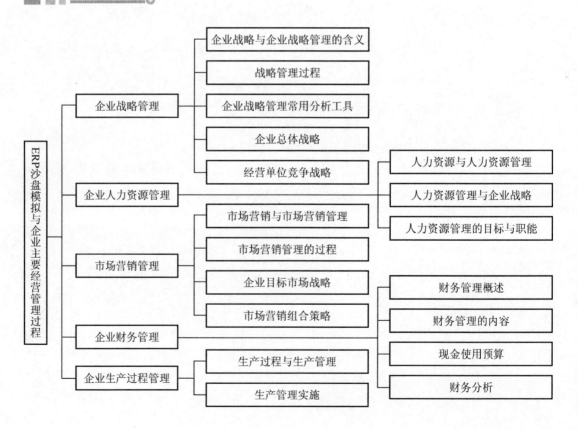

第 2 章　ERP 沙盘模拟与企业主要经营管理过程

ERP 沙盘是以某个制造企业为模拟对象，模拟该企业营运中的关键环节：战略管理、资金筹集、市场营销、产品研发、生产组织、信息收集、财务核算与管理。通过模拟企业六年经营过程，了解企业管理规律，提升企业管理能力，同时对企业资源管理过程有实际的体验。本章简要介绍企业战略管理、人力资源管理、市场营销管理、财务管理、生产管理等基本过程及相关理论知识，有助于学生理解整个经营过程，顺利完成模拟经营。

2.1　企业战略管理

在 ERP 沙盘模拟中，每个企业的起始状态是相同的，所给定的资源也是一样的，企业的目标可以简化为在资源给定的情况下，追求利润最大化和提升企业竞争力。企业必须分析利用外部发展机会，充分利用企业内部资源，制定合理可行的企业战略，才能取得好的经营业绩，实现既定的发展目标。

2.1.1　企业战略与企业战略管理的含义

企业战略是企业面对复杂多变、竞争激烈的经营环境，为求得长远生存和不断发展而进行的具有长远性、系统性和全局性的总体谋划。它是企业战略思想的集中体现，是企业经营范围的科学规定，同时也是企业制订各种计划的基础和依据。

企业战略管理是指其确定使命，根据组织外部环境和内部条件设定战略目标，为保证目标的正确落实和实现进行谋划，并依靠企业内部能力将这种谋划和决策付诸实施，以及在实施过程中进行控制的动态管理过程。

战略管理的目的是为企业的持续生存和不断发展提供一个管理上的保证。从实践上看，企业战略管理总是围绕着企业家展开的，从这个意义上说，企业战略管理也就是企业家的战略管理，企业战略管理的功能就是使企业家面向未来的市场竞争，在形成和发挥企业竞争优势的过程中，不断实现企业资源能力与外部环境的动态平衡，从而把企业从现在引向未来，实现公司宗旨。在当今企业环境因素越来越复杂多变，竞争越来越激烈的时代，战略管理作为高层管理人员的活动内容，显示出它在企业管理中的重要性。

2.1.2　战略管理过程

企业战略管理是对一个企业的未来发展方向制定决策和实施决策的动态管理过程。战略管理过程可以分解成三阶段，分别是战略分析阶段、战略选择及评价阶段、战略实施及控制阶段。

1. 战略分析阶段

战略分析指对企业的战略环境进行分析、评价，并预测这些环境未来的发展趋势，以及该趋势可能对企业造成的影响。战略分析包括对企业外部环境和内部条件的分析。

企业外部环境主要包括政策法律因素、经济因素、技术因素、社会因素，以及企业所处行业竞争状况等。对企业外部环境的分析可以寻找到有利于企业发展的机会，以及发现对企业不利的影响，以便在制定和选择战略时能够充分合理利用外部有利条件，避开不利的影响。

企业内部环境是指企业自身具备的条件。它包括企业有形资源和无形资源，具体包括企业财务能力、营销能力、生产管理能力、组织效能、企业核心竞争力和人力资源等。对企业内部条件分析的目的是发现企业的优势和劣势，以便在制定和实施战略中能扬长避短，有效利用资源。

2. 战略选择及评价阶段

战略选择及评价过程实质是战略决策过程，是对战略进行探索、制定以及选择的过程。企业战略选择主要解决两个基本问题：一是企业的经营范围或经营领域，即规定企业从事生产经营活动的行业，明确企业的性质和所从事的事业，确定企业以何种产品或服务来满足哪一类顾客的需求；二是企业在某一特定经营领域的竞争优势，确定企业提供的产品或服务要在什么基础上取得超越竞争对手的优势。一个企业可能会制定出多种战略方案，这就需要对不同方案进行鉴别和评价，以选择出适合自身的方案。

3. 战略实施及控制阶段

企业的战略方案确定后，必须通过具体化的实际行动才能实现战略目标。企业战略实施可在三方面进行推进：一是确定企业资源的规划和配置方式，包括公司级和战略经营单位级的资源规划与配置；二是对企业的组织机构进行构建，以适应所采取的战略，为战略实施提供一个有利的环境；三是要使领导者的素质及能力与所执行的战略相匹配，即挑选适合的高层管理者来贯彻既定的战略方案。

在战略的实施过程中，为了使实施中的战略达到预期目的，实现既定的战略目标，必须对战略的实施进行控制。这就是将经过信息反馈回来的实际成效与预订的战略目标进行比较，如果两者有显著的偏差，就应采取有效的措施纠正，甚至要重新审视环境，制定新的战略方案。

2.1.3 企业战略管理常用分析工具

1. 波特五力分析模型

迈克尔·波特认为，一个行业的竞争，远不止在竞争对手之间进行，而是存在五种基本的竞争力量，它们是：潜在的行业新进入者、替代品的威胁、购买者讨价还价的能力、供应商讨价还价的能力，以及现有竞争者之间的竞争，如图2.1所示。

1) 行业新进入者的威胁

这种威胁主要是由于一方面新进入者加入该行业会带来生产能力的扩大，带来对市场占有率的要求，这必然引起现有企业的激烈竞争，使产品的价格下降；另一方面，新加入者要获得资源进行生产，可能导致生产资源价格上升，使行业生产成本升高。这两方面都会导致行业的获利能力下降。

新进入者的威胁程度取决于进入障碍和行业内原有企业的反击程度。如果进入障碍高,原有企业的反击程度激烈,潜在的进入者进入的难度越大,进入的威胁就越小。决定潜在进入者进入障碍高低的因素主要有规模经济、产品差异程度、资金需求、转换成本、销售渠道,以及与规模经济无关的成本差异。预期现有企业对进入者的反击程度则取决于有关厂商的财力情况、固定资产规模、行业增加速度等。此外,新企业进入一个行业的可能性大小,还取决于企业新进入者主观估计进入所能带来的潜在利益、所需花费的代价与所要承担的风险这三者的相对大小情况。

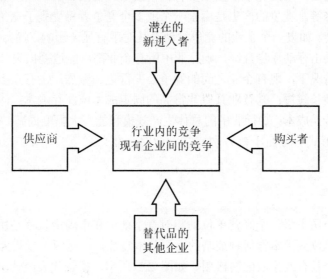

图 2.1　波特五力分析模型

2) 替代产品的威胁

替代品是指那些与本行业的产品有同样功能的其他产品。替代产品的价格如果比较低,它投放市场就会使本行业产品的价格上限只能处在较低的水平,这就限制了本行业的收益。替代品的价格越低,质量越好,用户的转换成本小,这种限制作用就越强,对本行业构成的压力就越大。有两种类型的替代产品应引起行业的注意:一是替代品的价格和性能优于本行业的产品;二是替代品产自高收益的行业。在后一种情况下,如果替代产业中某些发展变化加剧了那里的竞争,从而引起价格下跌或其经营活动的改善,则会使替代品立即崭露头角。

3) 与购买者之间的讨价还价能力

购买者可能要求降低购买价格,要求高质量的产品和更多的优质服务,其结果是使得行业和竞争者相互竞争残杀,导致行业利润下降。在下列情况下,购买者有较强的讨价还价能力:①购买者相对集中并且大量购买;②购买的产品占购买者全部费用或全部购买量中很大的比重;③从该行业购买的产品属标准化或无差别的产品;④购买者的行业转换成本低;⑤购买者的利润很低;⑥购买者有采用后向一体化对销售者构成威胁的倾向;⑦销售者的产品对购买者的产品质量或服务无关紧要;⑧购买者掌握供应商的充分信息。

4) 与供应商之间的讨价还价能力

供应商的威胁手段一是提高供应价格,二是降低供应产品或服务的质量,从而使下游行业利润下降。在下列情况下,供应商有较强的讨价还价能力:①供应商行业由几家公司控制，其集中程度高于购买者行业的集中程度；②供应商无须与替代产品进行竞争；③对供应商来说，所供应的行业无关紧要；④对买主来说，供应商的产品是很重要的生产投入要素；⑤供应商的产品是有差别的，并且使购买者建立起很高的转换成本；⑥供应商对买主行业来说构成前向一体化的威胁很大。

5) 现有竞争者之间的竞争程度

现有竞争者之间采用的竞争手段主要有价格战、广告战、引进新产品，以及增加对消费者的服务和保修等。竞争的产生是由于一个或多个竞争者感受到了竞争的压力或看到了改善其地位的机会。如果一个企业的竞争行动对其对手有显著影响，就会招致报复或抵制。如果竞争行动和反击行动逐步升级，则行业中所有企业都可能遭受损失，使处境更糟。

通常在下列情况下，现有企业之间的竞争会变得更加激烈：①有众多的或势均力敌的竞争者；②行业增长缓慢；③行业具有非常高的固定成本或库存成本；④行业的产品没有差别或没有行业转换成本；⑤行业中的总体生产规模和能力大幅度提高；⑥竞争者在战略、目标，以及组织形式等方面千差万别；⑦行业对企业兴衰至关重要；⑧退出行业的障碍很大。

2. 波士顿矩阵

波士顿咨询公司主张一个经营单位的相对竞争地位和市场增长率是决定企业整个经营组合中每一经营单位应当奉行何种战略的两个基本参数。以这两个参数为坐标，波士顿咨询公司设计出一个具有四象限的网格图，如图 2.2 所示。横轴代表经营单位较之其竞争对手的相对市场地位，它以经营单位相对于其主要竞争对手的相对市场占有率来表示。相对竞争地位决定了该经营单位获取现金的速度。因为如果一个经营单位较之其竞争对手有较高的市场占有率，它就应该有较高的利润率，从而应得到较多的现金流量。

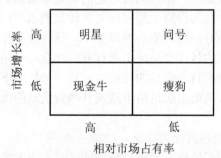

图 2.2　波士顿矩阵

在波士顿矩阵中，纵轴表示市场增长率。市场增长率代表着对一个经营单位来说市场的吸引力大小，也就是说它决定投资机会的大小。如果市场增长迅速，它为迅速回收资金、支付投资收益提供了机会。当然，由于市场增长快，维持其增长所需的资金就越多，因而这机会也可能带来一些问题。

波士顿公司认为，一个企业的所有经营单位都可以列入任一象限中，并依据它所处的地位(相对市场占有率和市场增长率)采取不同的战略。

(1) 现金牛类有较低的市场增长率和较高的相对市场占有率。较高的相对市场占有率带来高额利润和现金，而较低的市场增长率只需要少量的现金投入。因此，现金牛通常产出大量的现金余额。这样，现金牛就可提供现金去满足整个公司的需要，支持其他需要现金的经营单位。对现金牛的经营单位，应采取维护现有市场占有率，保持经营单位地位的维护战略；或采取抽资转向战略，获得更多的现金收入。

(2) 瘦狗类是指那些相对市场占有率和市场增长率都较低的经营单位。较低的相对市场占有率一般意味着少量的利润。此外，由于市场增长率低，追加投资来扩大市场占有率的办法往往是不可取的。因为用于维持竞争地位所需要的资金经常超过它们的现金收入。因此，瘦狗类常常成为资金陷阱。一般采用的战略是清算或放弃。

(3) 明星类的市场增长率和相对市场占有率都较高，因而所需要的和所产生的现金流量都很大。明星类通常代表着最优的利润增长率和最佳的投资机会。显而易见，最佳战略是对明星类进行必要的投资，从而维护或改进其有利的竞争地位。

(4) 问号类是指那些相对市场占有率低而市场增长率却较高的经营单位。高速的市场增长需要大量投资，而相对市场占有率低却只能产生少量的现金。对问号类而言，因增长率高，一个战略是对其进行必要的投资，以扩大市场占有率使其变成明星类。当市场增长率降低以后，这颗明星变转变为现金牛。如果认为某些问号类不可能转变为明星类，那就应当采取放弃战略。

对大多数公司来说，它们的经营单位分布于矩阵中的每一个象限。企业应采取的经营组合战略可概述如下：首要目标是维护现金牛的地位，但要防止常见的对其追加过多投资的做法。现金牛所得的资金应优先用于维护和改进那些无法自给自足的明星的地位。剩余的资金可用于扶持一部分筛选的问号类，使之转变为明星类。多数公司会发现，若选择同时扩大全部问号类的市场占有率战略，它们的现金收入是不够用的。因此，应放弃那些发展前景不明确的问号类。

2.1.4 企业总体战略

企业可供选择的总体战略有三种：成长型战略、稳定型战略和防御型战略。

1. 成长型战略

企业的成长体现在企业销售量、市场占有率，以及总资本等方面的成长上。当企业有足够的资源支撑，并且有良好的市场环境时，应选择成长型战略，及时抓住发展机遇进行企业扩张，以增强企业竞争能力，实现企业利润增长。

企业成长的途径有多种，应根据自身条件以及竞争对手的优劣势进行适当的选择。寻找市场机会时可遵循这样一种思路：首先观察在现有的业务领域范围内，是否有进一步发展的机会；其次分析与自己经营活动有关联的上下游产业，或同业中是否有进一步发展的机会；最后考虑与目前业务无关的领域中是否有较强吸引力的机会。这样，就形成了密集式成长战略、一体化成长战略和多角化成长战略三种战略。

1) 密集式成长战略

当一个特定市场还存在发展潜力时，企业可以采用密集式成长战略，即企业仍然在现有的生产、经营范围内开展业务联系活动。企业可以采用三种具体方式实现密集成长，如图 2.3 所示。

	现有产品	新产品
现有市场	(1) 市场渗透战略	(2) 产品开发战略
新市场	(3) 市场开发战略	(4) 多角化战略

图 2.3　产品市场矩阵

(1) 市场渗透战略。通过各种营销手段促使现有顾客增加购买量，争取竞争对手的顾客，以及吸引新顾客(潜在顾客、从未购买过本企业产品的顾客)购买本企业的产品，从而扩大现有产品的销售量，实现企业业务增长。

(2) 产品开发战略。通过向现有市场提供改型变异产品(如增加花色品种、提高规格档次、改进包装、增加服务等)，以满足不同顾客的需要，从而提高销售额，实现企业业务增长。

(3) 市场开发战略。通过努力开拓新市场，扩大现有产品销售量，实现企业业务增长。市场开发战略的主要形式有扩大现有产品的销售地区，在现有销售区域内寻找新的细分市场等。

2) 一体化成长战略

该战略是企业在两个可能的方向上扩展现有经营业务的一种发展战略，它包括前向一体化战略和后向一体化战略。前向一体化战略是企业自行对本公司产品做进一步深加工，或对资源综合利用，或公司建立自己的销售组织来销售本公司的产品或服务的战略。后向一体化战略则是企业自己供应生产现有产品或服务所需要的全部或部分原材料或半成品。

一体化成长战略的益处有：①后向一体化战略可使企业对所用原材料的成本、可获得性，以及质量等具有更大的控制权。②如果说一个企业的原材料供应商能获得较大的利润时，通过后向一体化企业可将成本转化为利润。③前向一体化战略可使企业能够控制销售和分配渠道，这有助于消除库存积压和生产下降的局面。④当企业产品或服务的经销商具有很大的毛利时，通过前向一体化战略企业可增加自己的利润。⑤采用纵向一体化，通过建立全国性的市场营销组织机构以及建造大型的生产厂家而从规模经济中获益。因为规模经济会导致较低的总成本，从而增加了利润。⑥一些企业采用前向或后向一体化战略来扩大它们在某一特定市场或行业中的规模和势力，从而达到某种程度的垄断控制。

3) 多角化成长战略

该战略是指公司增加与现有的产品或服务、技术或市场都没有直接或间接联系的新产品或服务。在当今众多的大型企业中，实行多角化经营已成为一种发展趋势。

多角化成长战略有其优越性，主要表现在：①公司可向几个不同的市场提供产品或服务，以分散经营风险，追求收益的稳定性；②当多个部门(行业)单位在一个公司内经营时，它们可充分利用公司在管理、市场营销、生产设备、研究与开发等方面的资源，产生协同效应，从而协同获益；③可对公司内的各个经营单位进行平衡；④公司向具有更优经济特征的行业转移，以改善公司的整体盈利能力和灵活性。

然而多角化成长战略也存在较大的风险，其主要弱点是带来企业规模膨胀，以及由此带来的管理上的复杂化，如果公司管理者对新扩充的管理业务一点也不熟悉，则后果更糟。另外，实施多角化成长战略需要大量的投资，因此，要求公司具备较强的资金筹措能力。

2．稳定型战略

一个稳定型战略的企业应具有以下一些特征。
(1) 企业满足于它过去的效益，继续寻求与过去相同或相似的战略目标。
(2) 期望取得的成就每年按大体相同的百分数来增长。
(3) 企业继续以基本相同的产品或服务来满足顾客。

一些企业之所以采用稳定型战略是有多种原因的，其中包括以下一些原因。
(1) 管理层可能不希望承担较大幅度的改变现行战略带来的风险。
(2) 战略的改变需要资源配置的改变。
(3) 发展太快可能导致公司的经营规模超出其管理资源，进而很快发生低效率情况。
(4) 公司的力量可能跟不上其产品和市场的变化。

稳定型战略有其自身的优缺点。采用稳定型战略的公司能够保持战略的连续性，不会由于战略的突然改变而引起公司在资源分配、组织机构、管理技能等方面的变动，以保持公司的平衡发展。但稳定增长型战略也有一些缺点，主要是：①由于公司只求稳定的发展，可能丧失外部环境提供的一些可以快速发展的机会。如果竞争对手利用这些机会加速发展，则企业处于非常不利的竞争地位。②采用稳定型战略可能会导致管理者墨守成规、因循守旧、不求变革的懒惰行为。

3．防御型战略

防御型战略的目的恰恰与成长型战略相反，它不寻求企业规模的扩张，而是通过调整来缩减企业的经营规模。防御战略也是一个整体战略概念，它一般包括调整战略、抽资战略、放弃战略和清算战略等几种战略。

1) 调整战略

调整战略的目的是企图扭转企业财务欠佳的局面，提高运营效率，使公司能够度过危机。导致公司财务状况不佳的原因是多方面的，企业要针对不同的原因采用不同的对策。在实施调整战略时，可采取下面的一些措施和行动：①更换管理人员；②削减资本支出；③实行决策集中化以控制成本；④减少新人员录用；⑤减少广告和促销支出；⑥一般性的削减支出，包括解雇一些人员；⑦强调成本控制和预算；⑧出售部分资产；⑨加强库存管理；⑩催收应收账款。

2) 抽资转向战略

抽资转向战略是指减少企业在某一特定领域内的投资。该特定领域可以是一个战略经营单位、产品线，或是特定的产品或品牌。采取这种战略的目的是削减费用支出和改善公司总的现金流量。然后把这种战略获得的资金投入到公司中更需要资金的新的发展领域中。

执行这一战略时，这个特定领域的销售额和市场占有率一般会下降，但这种损失可以由削减费用额去补偿。

在下列情况下，公司可采取抽资转向战略：①企业的某些领域正处于稳定或日益衰退的市场中；②企业某领域的市场占有率小，且扩大市场占有率的费用又太高；或者市场占有率虽然很高，但要维持会花费愈来愈多的费用；③企业的某地领域不能带来满意的利润，甚至还带来亏损；④如减少投资，销售额下降的幅度不会太大；⑤公司如减少该领域的投资，则能更好地利用闲散资源；⑥企业的某领域不是公司经营中的主要部分。

3) 放弃战略

放弃战略是指卖掉企业的一个主要部门，它可能是一个战略经营单位，一条生产线，或者一个事业部。实施放弃战略对任何公司的管理者来说都是一个困难的决策。阻止公司采取这一战略的障碍来自三个方面：一是结构上的障碍；二是内部依存关系上的障碍；三是管理方面的障碍。

4) 清算战略

清算战略是通过拍卖资产或停止全部经营业务来结束公司的存在。对任何公司的管理者来说，清算是最无吸引力的战略，只有当其他所有的战略全部失灵后才加以采用。然而，及早地进行清算较之追求无法挽回的事业对企业来说可能是较适宜的战略。

2.1.5 经营单位竞争战略

经营战略所涉及的问题是在一个给定的业务或行业中，经营单位如何竞争取胜的问题，即在什么基础上取得竞争优势。在经营单位的战略选择方面，波特提出三种可供选择的一般性竞争战略，分别是：成本领先战略、差异化战略和集中化战略。

1. 成本领先战略

成本领先战略又称低成本战略，即使企业的全部成本低于竞争对手的成本，甚至是在同行业中最低的成本。实现成本领先战略需要一整套具体政策：经营单位要有高效率的设备、积极降低经验成本、紧缩成本开支和控制间接费用，以及降低研究与开发、服务、销售、广告等方面的成本。

成本领先战略的理论基石是规模经济效益(即单位产品的成本随着生产规模增大而下降)和经验效益(即单位产品成本随累积产量的增加而下降)。为实现产品成本领先战略，企业内部需要具备下列条件。

(1) 设计一系列便于制造和维修的相关产品，彼此分担成本；同时使该产品能为所有主要用户集团服务，增加产品数量。

(2) 在现代化设备方面进行大量的领先投资，降低制造成本。

(3) 降低研发、产品服务、人员推销、广告促销等方面的费用支出。

(4) 建立起严格的、以数量目标为基础的成本控制系统。

(5) 建立起具有结构化的、职责分明的组织机构，便于从上而下地实施最有效的控制。

2. 差异化战略

差异化战略是企业使自己的产品或服务区别于竞争对手的产品或服务，创造出与众不同的东西。一般来说，企业可在下面几个方面实行差异化：产品设计或商标形象的差异化、产品技术的差异化、顾客服务的差异化、销售分配渠道的差异化等。

3. 集中化战略

集中化战略是指企业的经营活动集中于某一特定的购买者集团、产品线的某一部分或某一地域的市场。如同差异化战略一样，集中化战略也可以呈现多种形式。虽然成本领先战略和差异化战略二者是在整个行业范围内达到目的，但集中战略的目的是很好地服务于一特定的目标，它的关键在于能够比竞争对手提供更为有效和效率更高的服务。因此，企业既可以通过差异化战略来满足一特定目标的需要，又可以通过低成本战略服务于这个目标。尽管集中化战略不寻求在整个行业范围内取得低成本或差异化，但它是在较窄的市场目标范围内来取得低成本或差异化的。

同其他战略一样，集中化战略也能在本行业中获得高于一般水平的收益。主要表现在：第一，集中化战略便于集中使用整个企业的力量和资源，更好地服务于某特定的目标。第二，将目标集中于特定的部分市场，企业可以更好地调查研究与产品有关的技术、市场、顾客，以及竞争对手等各方面的情况。第三，战略目标集中明确，经济成果易于评价，战略管理过程也容易控制，从而带来管理上的简便。

2.2 企业人力资源管理

ERP 沙盘模拟正式开始之前的准备工作之一就是人员角色定位，每个模拟企业通常由 5~7 人组成，每个人都有确定的职业角色，一般分为总经理、财务总监、营销总监、生产总监、采购总监等主要角色。

学生必须了解自己所担任角色的岗位职责，了解本岗位与整个企业经营的关系以及与其他岗位的关系，在模拟经营的过程中，与企业其他成员一起分工协作，共同完成企业经营。在模拟经营的过程中各岗位人员各自为战会导致效率低下；无效沟通会引起争论；职责不清会导致秩序混乱。因此，只有在统一的战略目标下，各人员遵守各自的工作规范，各司其职，团结合作，才能顺利完成经营，达到预期目标。

2.2.1 人力资源与人力资源管理

所谓人力资源是指人所具有的对价值创造起贡献作用，并且能够被组织所利用的体力和脑力的总和；而人力资源管理被看成现代人事管理，它是指组织为了获取、开发、保持和有效利用在生产经营过程中所必不可少的人力资源，通过运用科学、系统的技术和方法所进行的各种相关的计划、组织、领导和控制活动，以实现组织既定目标的管理过程。人力资源管理不等同于传统的人事管理，它是人事管理的进一步发展。

2.2.2 人力资源管理与企业战略

企业战略目标是在对企业内部和外部资源充分分析基础上制定的，战略的实施需要各方面资源的共同支持，人力资源是其中重要资源之一，因此人力资源管理的有效进行将有助于企业战略的实现。企业战略目标明确之后，各种资源的准备就显得十分重要。人力资源准备可以通过两种途径实现：一是从外部招聘，二是内部培养，而两种途径都是人力资源管理活动。根据企业的战略目标，首先通过人力资源规划对未来的人力资源进行储备，从而为战略目标实现奠定人力资源基础。

2.2.3 人力资源管理的目标与职能

人力资源管理的目标可分解为最终目标和具体目标两个层次。人力资源管理的最终目标就是要有助于实现企业的整体目标，虽然不同的企业整体目标各不相同，但最终目标都是要创造价值以满足相关利益者的需求。在这样的最终目标下，企业人力资源管理还要达成一系列具体目标，这些目标包括：①保证人力资源的数量与质量；②营造良好的人力资源环境；③保证员工价值评价的准确有效；④实现员工价值分配的公平合理。总体而言，企业人力资源管理的目标是通过组建优秀的企业员工队伍，建立、健全企业管理机制，形成良好的企业文化氛围，有效地开发和激励员工潜能，最终实现企业管理目标。

人力资源管理的功能和目标是通过它所承担的功能和从事的活动来实现的，人力资源管理的职能主要包括 7 方面的基本职能：①人力资源规划；②职位分析；③招聘录用；④绩效管理；⑤薪酬管理；⑥培训与开发；⑦员工关系管理。人力资源管理这些职能之间相互联系、相互影响，共同形成一个有机系统。

2.3 市场营销管理

市场营销管理是企业管理的重要职能，也是 ERP 沙盘模拟中的重要环节。在 ERP 沙盘模拟经营中，各模拟企业要遵循相关规则，认真研究分析市场预测数据，合理投放广告争取订单，同时根据企业战略开发产品和开拓市场，使企业在竞争中取得优势。

2.3.1 市场营销与市场营销管理

市场营销就是企业在一定的市场环境中，在有效的时间、有效的地点，以顾客接受的价格和沟通方式将符合顾客需求的产品出售给目标顾客，并实现顾客的满足与忠诚的过程。市场营销既是一种组织职能，也是为组织自身及利益相关者利益而创造、传播、传递客户价值，管理客户关系的过程。

市场营销管理是企业为了实现其目标，创造、建立并保持与目标市场之间的互利互换关系而进行的分析、计划、实施和控制的过程。它的基本任务包括分析市场机会、制定营销策略，发展市场营销组合，决定营销预算，执行与控制营销计划。

市场营销管理必须根据经营战略的要求进行，各个战略经营单位的市场营销部门必须分析企业的基本战略和目标，它们是对市场营销管理的具体要求和各种约束，是市场营销计划的导向。例如，经营战略和目标是成本领先和扩大市场占有率，那么市场营销管理就必须与生产管理、财务管理、人力资源管理和研究与开发管理职能相结合，严格贯彻战略方针。

2.3.2 市场营销管理的过程

企业市场营销过程，是在业已确定的业务经营范围内，由企业的市场营销部门按照企业总体战略中已规定的任务目标、产品投资组合和增长战略模式，从外部环境出发分析、评价各种产品业务增长的市场机会，结合企业的资源状况，综合考虑各项因素后，选择目标市场，进行市场定位，确定市场营销组合，制订市场营销计划，管理市场营销活动的完整过程，如图 2.4 所示。

图 2.4 市场营销管理过程

1. 企业市场营销环境分析

市场营销环境是指对企业的市场和营销活动产生影响和冲击的不可控制的行动者和社会力量。任何企业都是在不断变化的社会环境中运行的，其营销活动除了受自身条件的约束外，还要受外部环境的制约。对各种企业营销活动产生影响的外部不可控制的变量，构成了企业市场营销环境。环境的变化，既可能给企业营销带来机会，也可能造成营销威胁。企业营销人员必须全面、准确地认识市场营销环境及其变化趋势，以把握机会、防范威胁、趋利避害地开展营销活动。

市场营销环境由微观环境和宏观环境组成。微观环境是指与企业紧密相连、直接影响企业服务顾客能力的各种参与者，包括供应商、营销中介、顾客、竞争者、社会公众及企业内的其他部门；宏观环境是指间接影响企业营销活动的不可控制的大范围的社会力量，包括政治、法律、经济、人口、技术、文化和自然等环境。微观环境直接影响和制约企业的营销活动，与企业有或多或少的经济联系；宏观环境一般以微观环境为载体去影响和制约企业的营销活动。微观环境和宏观环境共同构成多因素、多层次、多变化的企业营销环境综合体。微观环境和宏观环境之间不是并列关系，而是主次关系，微观环境受制于宏观环境，微观环境中的所有因素都受宏观环境各种力量的影响。

2. 选择目标市场

企业要在竞争激烈的市场上取胜，首先要以消费者为中心。消费者人数众多，他们的需求千差万别。因此，每个企业都必须对整个市场细分，从中选择最佳的细分市场，制定切实可行的战略，在比竞争对手更有效地为目标市场服务的同时获得收益。具体来说，该过程包括市场细分、目标市场选择和市场定位三个阶段。

3. 制定营销组合

所谓市场营销组合是企业针对选定的目标市场而整合的一系列可控的市场营销手段。1960年,麦卡锡(E.J.McCarthy)在《基础营销》中提出了著名的4P组合,即产品(Product)、渠道(Place)、价格(Price)、促销(Promotion)四要素,市场营销组合策略包括产品策略、渠道策略、价格策略、促销策略。

4. 营销活动管理

所有的营销战略和战术都必须付诸实践,这就需要实施营销活动管理,营销管理由计划、组织和控制等职能组成。企业首先制订整体战略计划,并将它转化为各个部门、产品或者品牌的营销计划或其他计划。通过执行,企业将计划转化为行动。无论是计划的制订还是实施,都离不开有效的市场营销组织。最后,还要对营销活动进行测量和评价,必要时采取纠偏措施,即控制。

2.3.3 企业目标市场战略

目标市场营销战略倡导企业在市场分析的基础上,运用恰当的变量细分整体市场,将之分割为若干小的细分市场,同一细分市场中的消费者具有类似的消费需求,而不同细分市场的消费者具有相异需求,在此基础上,选取其中一个或者若干个细分市场作为企业的目标市场,并根据细分市场的竞争情况,为所提供的产品或服务进行有效目标市场定位,围绕定位设计差异化的营销组合方案。

目标市场营销战略旨在帮助企业以有效的方式参与市场竞争,提高营销效率和效果。受消费者需求差异、市场竞争影响,以及自身资源能力所限,企业唯有集中力量,为具有相似需求的消费者创造并传递价值,才有可能提高营销精确性。

企业目标市场营销战略决策过程包含三个重要步骤:一是市场细分;二是目标市场选择;三是市场定位,人们也称其为STP营销。

1. 市场细分

市场细分是指采用恰当的变量将整体市场划分为若干能够相互区分的细分市场,从而帮助企业更好地认识市场,提高营销的精确性。细分市场的理论依据是需求的异质性。任何一种产品的市场都是由不同类型的消费者及其不同的需要构成,营销人员必须依据消费者需求的不同对市场进行区分。无论是实力雄厚的大企业,还是资源有限的小企业,市场细分对于他们发掘市场机会、扩大销售、提高营销效率都是至关重要的。

进行市场细分时有两个基本步骤:一是找出能反映消费者需求特征的变量,并根据选定的一个或者若干个变量,将整体市场划分为若干个细分市场,使每个细分市场由具有相似需求特征的消费者构成,不同细分市场则由需求特征相异的消费者组成;二是根据评估标准,对细分市场的有效性进行评估,如果符合评估标准,则市场细分有效,否则需要重新选择变量,再次进行市场细分。

通常两大类变量可以用来细分消费者市场:一类是反映消费者人文特征的变量,包括地理、人口统计、心理变量等；另一类是反映消费者对产品的反应，即反映消费者行为特征的变量，包括消费者与市场密切程度、使用数量、购买时机、购买频率和追求利益等。

2. 目标市场选择

目标市场选择是指在市场细分的基础上，按照一定的标准，选择一个或者几个细分市场作为企业的目标市场，促使企业集中自身资源能力，在具有发展潜力并适合企业的细分市场上开展经营活动。

每个市场都可以细分，但并不是每个细分市场都值得企业去经营。企业选择目标市场应当是自己能够最大限度地创造顾客价值并使自己有利可图，且可以长期存在的细分市场。实力雄厚的企业可以选择多个细分市场，甚至全部市场；资源有限的小企业则更适合进入一个或少数几特别的细分市场，或者是"补缺市场"。

根据产品和市场两大指标划分，有五种目标市覆盖模式，如图2.5所示。

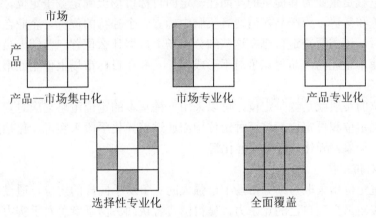

图2.5 目标市场五种覆盖模式

1) 产品—市场集中化

在产品—市场集中化模式下，企业为单一市场提供单一产品，是一种完全专业化模式。具有专业化生产技能，但受限于资金实力的小企业采用这种策略，往往可以取得良好的市场业绩。但这种产品—市场集中化覆盖模式，也需承担由于消费者偏好发生改变所导致的市场风险，因此企业需要在适当的时机进军其他市场。

2) 市场专业化

企业选择某一类市场为目标市场，并为这一市场生产开发所需要的各种产品，这种目标市场覆盖模式就是市场专业化模式。市场专业化模式可以帮助企业树立良好的专业化声誉，多产品经营在一定程度上也分散了市场风险。但相对于产品—市场集中化模式，对企业的生产能力、经营能力、资金实力提出了更高要求。小企业可以经由产品—市场集中化模式，沿市场专业化道路拓展，实力强大的企业则可以一开始就选择这种市场覆盖模式。

3) 产品专业化

企业专门生产一类产品供应不同的顾客市场，即产品专业化模式。产品专业化模式有利于企业创造专业生产和研发的优势。企业一般也可经由产品—市场集中化模式，沿产品专业化路径拓展，具备条件的企业也可以从一开始就选择这种市场覆盖模式。

4) 选择性专业化

选择性专业化指企业选择若干个符合市场细分原则的市场为目标市场，并为各个市场分别提供所需的产品。选择性专业化模式的最大优点是能够分散市场风险，但所选的细分市场间有可能缺乏内在的逻辑联系，属于非相关的多角化发展，很难获得规模经济，而且对单个市场的规模要求比较高，还要求企业有很强的驾驭市场的能力。

5) 全面覆盖

全面覆盖指企业选择所有的细分市场为目标市场，分别为这些市场提供不同的产品，一般只有实力雄厚的大企业才采取这种市场覆盖模式。比如，通用汽车公司在全球汽车市场、宝洁公司在全球家庭洗涤用品市场上，都采取了全面覆盖模式。

3. 市场定位

市场定位就是企业为其提供的产品在一定的目标市场上确定竞争定位，或者是根据企业产品的特色和优势，为产品在消费者头脑中确立一个独特的位置。企业在决定进入哪些细分市场之后，还需要决定自己在这些细分市场上占据什么位置。营销人员需要对定位进行策划，以使本企业的产品与竞争对手形成差异，并在目标市场上使企业形成最大的战略优势。

市场定位的实质就是竞争定位，可以采用三种基本的定位策略来应对竞争，即直接对抗定位、避强定位和再定位。这三种定位均需通过差异化手段来实现，包括产品差异化、人员差异化、形象差异化、服务差异化等。

1) 直接对抗定位

直接对抗定位指采取与细分市场上最强大的竞争对手同样的定位，通过与最强大的竞争对手的直接较量提高自己的竞争力，赢得消费者认同。由于竞争对手实力很强，且在消费者心目中处于强势地位，因此，实施直接对抗定位策略有一定的市场风险，这不仅需要企业拥有足够的资源和能力，而且需要在知己知彼的基础上，实施差异化竞争，否则将很难化解市场风险，更别说取得市场竞争的胜利。

2) 避强定位

避强定位指避开细分市场上的强大竞争对手，避免与之展开直接竞争的定位。这种定位方式为大多数企业采用，成功的可能性也较大，原因就在于市场竞争风险相对较小，但是要找到被市场接受的新的独特定位并非易事。

3) 再定位

再定位指对产品的原来定位进行调整，重新为产品定位，以改变被动局面或寻求新的市场增长。需要对产品进行重新定位的原因有：一是原先的定位不准确，不被消费者接受；二是遭受到竞争者严厉打击，导致产品陷入市场困境；三是由于销售范围意外扩大，如定位于青年人的服装，意外获得了老年人的青睐，就有必要重新定位了。

2.3.4 市场营销组合策略

市场营销组合策略的基本思想在于：从制定产品策略入手，同时制定价格、促销及分销渠道策略，组合成策略整体。企业经营的成败，在很大程度上取决于这些组合策略的选择和它们的综合运用效果。根据美国学者麦卡锡教授提出了著名的 4P 营销组合策略,他认为一次成功和完整的市场营销活动,意味着以适当的产品、适当的价格、适当的渠道和适当的促销手段,将适当的产品和服务投放到特定市场的行为。市场营销组合策略中包括产品策略、价格策略、促销策略和渠道策略。

1. 产品策略

从营销学的意义上讲,产品的本质是一种满足消费者需求的载体,是提供给市场,能够满足消费者某一需求和欲望的任何有形物品和无形服务。在现代营销学中,产品概念具有极其宽广的外延和深刻的内涵,产品整体概念包括核心产品、形式产品、期望产品、延伸产品和潜在产品五个层次的内容。

1) 产品组合策略

产品组合策略是指企业根据自身的营销利润目标,对其产品组合的广度、长度、深度和密集度进行最佳组合的策略。企业在进行产品组合时应遵循两项原则:一是要有利于促进市场销售;二是要有利于增加企业的目标总利润。企业在制定产品组合策略时,可根据具体情况选择扩展产品组合策略、减缩产品组合策略、产品线延伸策略、产品线现代化策略等。

2) 产品生命周期各阶段营销策略

一种产品进入市场后,它的销售情况和获利能力会随着时间的推移而改变,呈现出一个由少到多再由多到少的过程,就如同人的生命一样,由诞生、成长到成熟,最终走向衰亡。所谓产品的生命周期就是指产品进入市场,直到最终退出市场所经历的市场生命循环过程。典型的产品生命周期可分为四个阶段:引入期、成长期、成熟期和衰退期。当产品处于生命周期的不同阶段时,企业可采用不同的营销策略。

(1) 引入期的营销策略。产品引入期是新产品进入市场的最初阶段,具有单位产品成本高,产品销售量增长缓慢等特点。在该阶段,企业主要的营销目标是迅速将产品打入市场,尽快形成批量生产能力,并在尽可能短的时间内扩大产品的销售量,促使产品尽早地进入到成长期。企业在引入期可以采用的策略有四个:快速掠取策略、缓慢掠取策略、快速渗透策略和缓慢渗透策略。

(2) 成长期的营销策略。产品成长期是产品在市场上开始为顾客所接受的阶段,具有销售额迅速上升,产品单位成本下降的特点。针对该阶段的特点,企业可采取以下营销策略:一是进一步提高产品质量,努力开发产品的新款式、新型号,增加产品新用途;二是改变广告策略,树立强有力的产品形象;三是开辟新销售渠道;四是选择适当时期向下调整价格,争取更多的顾客。

(3) 成熟期的营销策略。产品成熟期是大多数购买者已接受产品的阶段,该阶段产品的市场销售量增长缓慢。对处于成熟期的产品,企业应采取积极进取的市场营销策略,以使产品的成熟期延长,或使产品的生命周期出现再循环。在该阶段,企业常用的营销策略有市场改良策略、产品改良策略和营销组合改良策略。

(4) 衰退期的营销策略。产品衰退期是指产品销售额急剧下降,利润趋于零的阶段。对处于衰退期的产品,企业要进行认真研究分析,决定采取什么策略,在什么时候退出市场。具体策略有：继续策略、集中策略、榨取策略和放弃策略。

3) 新产品开发策略

市场营销意义上的新产品是指企业向市场提供的较原先已经提供的有根本不同的产品。一般而言，营销意义上的新产品应具备以下条件：在原理、结构、性能、材料、工艺等某一方面或几方面有显著改进、提高或独创；具有先进性、实用性，能提高经济效益，具有推广价值；在一定范围或区域内第一次试制成功。具体来说，新产品可分为完全创新产品、换代新产品、改革新产品和仿制新产品四类。

企业进行新产品开发时，必须根据市场需求、竞争情况和企业自身能力，采取正确的策略，才能使企业的新产品开发获得成功。常用的新产品开发策略有：改进现有产品，扩大现有产品的品种，增加产品种类，挖掘顾客潜在需求。

4) 产品品牌策略

品牌是用以识别某个出售者或某群销售者的产品或劳务，并使之与竞争对手的产品或服务区别开来的商业名称及其标志，通常由文字、标记、符号、图案或颜色等要素或这些要素的组合构成。企业品牌策略主要有：品牌有无策略、品牌归属策略、品牌统分策略、品牌延伸策略。

5) 包装策略

包装是产品的重要组成部分，它不仅保证了产品的使用价值，而且还增加了产品的价值，良好的包装是获得市场竞争力的有效手段。企业产品的包装策略有类似包装策略、配套包装策略、分类包装策略、等级包装策略、再使用包装策略、附赠品包装策略、改变包装策略等。

2. 价格策略

价格策略是市场营销组合中非常重要且独具特色的部分，通常也是影响交易成败的关键因素。在制定价格的过程中，企业既要考虑自身的成本与利润，又要考虑消费者对价格的接受能力，并受到主要竞争对手价格策略的影响，同时还要与其他营销策略及产品的市场定位相协调。

由于产品成本、市场需求和竞争状况是决定价格高低的最主要因素，企业在选择定价方法时，首先要研究如何以这些要素为导向为产品制定合理的基本价格。在实际定价中，企业往往只能侧重考虑其中一类因素，选择一种定价方法，然后通过一定的定价策略和技巧对计算结果进行修定，形成最终的价格表。

企业定价主要包括以下几种基本方法。

(1) 成本导向定价法。即以成本作为定价的基础。根据具体算法的不同，又可分为成本加成定价法、目标收益定价法和变动成本定价法。

(2) 需求导向定价法。这是一种以市场需求强度及消费者对产品的感知而不是企业的生产成本为主要依据的定价方法，主要包括认知价值定价法和反向定价法两种。

(3) 竞争导向定价法。它是以市场上竞争对手的同类产品价值为主要依据，随竞争状况的变化确定和调整价格水平的定价方法，具体有随行就市法和密封投标定价法两种。

产品的基本价格按以上三种方法来确定，但产品的最终成交价格还需要在此基础上运用适当的定价策略进行修正。运用灵活的定价策略，可使企业的成交价格更加合理，更具艺术性，更能吸引消费者。

企业具体包括以下几种定价策略。

(1) 新产品定价策略。新产品定价时，既要考虑能尽快收回投资，获得利润，又要有利于消费者接受新产品。实际中常用的新产品定价策略有撇脂定价法、渗透定价法和满意定价法三种。

(2) 消费者心理定价策略。心理定价策略是根据消费者不同的消费心理而灵活定价，以引导和刺激消费者购买的价值策略，主要有声望定价策略、尾数定价策略、整数定价策略、习惯性定价策略、招徕定价策略等几种。

(3) 产品组合定价策略。产品组合定价策略是指企业为了实现整个产品组合或整体利润最大化，在充分考虑不同产品之间的关系以及个别产品定价高低对企业总利润的影响的基础上，系统地调整产品组合中相关产品的价格。产品组合定价的主要策略有产品线定价策略、选择产品定价策略、补充产品定价策略、成套产品定价策略等几种。

(4) 折扣定价策略。企业为了鼓励顾客尽早付清货款、大量购买、淡季购买，可酌情降低基本价格，这种价格调整称折扣定价。常用的折扣定价策略有数量折扣、现金折扣、功能折扣、季节折扣等几种。

3. 促销策略

促销是企业通过人员或非人员的方式，向目标顾客传递商品或服务信息，帮助消费者认识商品或服务所带来的利益，从而引起消费者兴趣，激发消费者的购买欲望及购买行为。促销是企业营销活动的重要组成部分，在产品的销售过程中具有极其重要的作用。

促销策略是指企业如何促进顾客购买商品以实现扩大销售的策略，是对各种促销手段的选择以及在组合中侧重使用某种促销手段的策略。企业主要的促销手段有人员推销、广告、公共关系和营业推广等几种。

1) 人员推销

人员推销是指企业派出专职或兼职的推销人员或销售代表，直接与可能的购买者接触，介绍、宣传产品，帮助和说服顾客购买某种产品或服务的过程。人员推销作为一种被企业广泛采用的双向沟通方式，具有寻求顾客、沟通信息、推销产品、收集情报和提供服务等多项功能。企业采用人员推销时，可运用多种推销策略，主要有试探性策略、针对性策略和诱导性策略等。

2) 广告

广告是指企业为了促进产品销售，利用大众媒体进行付费宣传的促销活动。广告由广告主、广告信息、广告媒体、广告费用和广告对象五个要素构成。

广告策略的基本表现形式通常有五种：①配合产品策略采取的广告策略，即广告产品策略；②配合市场目标采取的广告策略，即广告市场策略；③配合营销时机而采取的广告策略，即广告发布时机策略；④配合营销区域而采取的广告策略，即广告媒体策略；⑤配合广告表现而采取的广告表现策略。广告策略必须围绕广告目标，因商品、因人、因时、因地而异，还应符合消费心理。

3) 公共关系

公共关系是企业为了使社会大众对本企业商品产生好感，在社会上树立企业声誉，运用各种传播手段，通过制造舆论向广大公众进行公开宣传的促销活动。企业公共关系的目标是促进公众了解企业，通过企业与公众的双向沟通，改善或转变公众态度，它具有信息监测、舆论宣传、沟通协调、危机处理、决策咨询等职能。

企业公共关系目标和功能需要通过有计划的、具体的公共关系活动来实现，企业经常采用的公共关系活动有专题活动、新闻宣传、事件策划、赞助和支持各项公益活动、印制宣传品、公关广告、导入企业形象识别系统等。

4) 营业推广

营业推广又称销售促进，是指那些能够刺激顾客作出强烈需求反应，在短期内迅速产生购买行为的促销方式。典型的营业推广一般用于短期的和额外的促销工作，其着眼点往往在于解决一些更为具体的促销问题，因而具有针对性强、非连续性、短期效益明显和灵活多样的特点。营业推广很少单独使用，常常是作为广告或人员推销的辅助手段。

营业推广根据市场特点和企业销售目标的不同可分为针对消费者的营业推广、针对中间商的营业推广和针对推销人员的营业推广三种形式。针对消费者的营业推广方式有免费赠送样品、付费赠送、赠券或印花、赠送优惠券、退费优惠、折价优待、举办展销会、服务促销、有奖销售、消费信贷、包装促销、产品陈列和现场示范等具体形式。针对中间商的营业推广有批量折扣、期间补贴、现金折扣、经销津贴、免费附赠补贴等形式。针对销售人员的营业推广有销售红利提成、销售竞赛、特别推销金等形式。

4. 渠道策略

所谓分销渠道是指某种产品或服务从制造商向消费者转移的通路，由一系列执行中介职能的相互依存的企业和个人组成。分销渠道策略是市场营销策略组合中最具挑战性的策略。因为在现代经济体系中，大部分生产者不直接向最终消费者出售产品，而是借助中间商实现对最终消费者的销售。居于分销渠道上的中间商不是生产者的雇佣者，也不是生产者打造的营销链条上的一个环节，而是独立的机构或个人。当中间商努力发展并拥有自己的顾客时，他们在市场上就占有比生产者更重要的地位。因此，能否掌控分销渠道就成为生产者实现产品或劳务销售的关键。

渠道策略主要研究使商品顺利到达消费者手中的途径和方式等方面的策略。生产者对分销渠道的设计过程，由确定渠道目标、确定主要渠道选择方案和评估渠道方案几个重要步骤构成。

1) 确定分销渠道目标

渠道目标是企业确定的为目标顾客服务的水平，包括购买数量、等待时间、空间便利、产品种类和服务支持五个方面，有效的渠道设计是对目标市场提供的服务水平高而费用低，以及在各种情况下都能应用的渠道结构。这种渠道结构是对目标市场的覆盖能力最强、目标市场的顾客满意程度最高、对生产者能够提供较多利润的渠道。但这种渠道受到消费者、产品、中间商、竞争企业、经济环境等因素的影响。

2) 确定渠道选择方案

生产者渠道选择方案中包括确定销售渠道模式、确定中间商数目、规定渠道成员的权利与义务等内容。

(1) 确定销售渠道模式。确定渠道模式即确定渠道的长度。首先,应根据影响渠道的主要因素来决定渠道模式。通常认为,制造商→批发商→零售商→消费者的模式是比较典型的消费品销售渠道。中间商层次多的分销渠道称为长渠道,中间商层次少的分销渠道称为短渠道;企业不是通过中间商销售而是直接对消费者销售产品的称为直接渠道,企业通过中间商销售产品的叫间接渠道。

(2) 确定中间商数目。确定中间商数目,即确定渠道的宽度。当企业选择间接渠道模式时,需要解决每个渠道层次使用多少数目的中间商,而这个问题又受企业追求的市场展露程度影响。根据市场展露程度的要求,企业可选择密集分销策略、独家分销策略和选择性分销策略。

(3) 规定渠道成员的权利与义务。制造商通过制定贸易关系协议来规范与渠道成员之间的权利义务,协议主要涉及价格政策、销售条件、地区权利以及每一方应为对方提供的服务和应尽的责任义务。

除了以上三项外,市场营销渠道设计还应研究渠道的成本,即比较不同渠道方案的销售量与成本。一般而言,在产品进入市场的前期,利用中间商的成本比制造商自己销售要低得多。但是当产品进入销售中后期,利用中间商的成本会迅速上升。

3) 评估选择方案

生产者为了进入目标市场,可以制定几种渠道选择方案,但最终确定渠道执行方案时,还要看其是否能满足企业长期发展目标的要求,因而必须进一步评估各种渠道选择方案。进行方案评估时,企业要遵循经济效益标准、控制标准、适应性标准等几个标准,并要以经济效益标准为首要标准,因为生产者并不是为了控制和适应而选择渠道,而是为了获取最大的经济效益。

2.4 企业财务管理

ERP 沙盘模拟使学生接触到通过长期贷款、短期贷款及应收账款贴现等方式筹集资金,并将资金用于固定资产(厂房、生产线)和无形资产(市场、研发)投资、支付各项必要的费用等一系列财务管理活动。

2.4.1 财务管理概述

在企业的实际生产经营过程中,企业的财务活动必然随着生产经营过程的进行而有规律地进行着,表现为资金运动,并体现企业同各方面的经济关系。由资金运动所体现的经济关系,又称为财务关系。显然,企业财务是一种客观存在的社会经济现象,它必然普遍存在于企业的生产经营过程中,并有自身的运动规律,同时又会受到人们主观意志的影响而体现一定社会制度的要求。因此,为了促进企业生产经营活动的顺利进行,出现了对财务活动的组织和控制,对财务关系的处理和协调,这就是财务管理。

2.4.2 财务管理的内容

企业财务管理是以企业财务活动为对象，对企业资金实行预测、决策、计划和控制，主要包括筹资管理、投资管理、营运资金管理、收益及其分配管理四部分内容。

1. 筹资管理

资金是企业存在和发展的基本条件，无论新建企业或企业扩大经营规模都需要大量的资金。资金筹集是企业财务管理中一项最基本的内容，而筹资决策又是筹资管理的核心。筹资决策要解决筹资渠道、筹资方式、筹资风险和筹资成本等问题，要求企业确定最佳的资本结构，选择最恰当的筹资方式，并在风险和成本之间作出合理权衡。企业应按照经济核算的原则筹集资金，在数量上和时间上满足生产经营的需要；同时要考虑降低资金成本，减少财务风险，提高筹资效益，从而实现财务管理的目标。

2. 投资管理

投资是企业为了获得收益或使资金增值，在一定时期向一定领域的标的物投放一定的现金或实物的经济行为。企业投资包括固定资产投资、证券投资和对其他企业的直接投资。其基本要求是建立严密的投资管理程序，充分论证投资在技术上的可行性和经济上的合理性，力求做好预测和决策，减少风险，提高收益。在作出投资决策时需要考虑投资的对象、投资的时期、投资的报酬和投资风险等问题，力求选择最佳的投资方案。

3. 营运资金管理

企业营运资金是指企业生产经营活动中占用在流动资产上的资金。营运资金管理就是对企业流动资产及流动负债的管理。从有效管理的角度出发，企业要维持正常的生产经营必须拥有适量的营运资金。企业除现金之外的其他流动资产可以转换为现金，构成现金流入之源；企业偿还流动负债需支付现金，构成现金流出之源。相对而言，持有流动资产越多，企业的偿债能力就越强。对营运资金管理的基本要求是合理使用资金，加速资金周转，不断提高资金的利用效果，保持足够的偿债能力。

4. 收益及其分配管理

企业在生产经营过程中会产生利润，也可能因为对外投资而分得利润，实现了资本的保值和增值。企业收益分配管理包括企业销售收入管理、利润管理和收益分配管理。其基本的要求是认真做好销售预测和销售决策，开拓市场，扩大销售，确保资金回笼；认真做好利润的预测和计划，确保利润目标的实现，并合理分配收益，确保各方面的利益。

2.4.3 现金使用预算

为了使筹集到的资金使用合理，企业需要通过编制资金使用计划，做好现金预算。现金预算作为企业全面预算的一个重要部分，是与企业生产预算、销售预算、成本预算密切相连的。现金预算的内容包括现金的期初余额、本期现金收入、本期现金支出、现金净余额或现金不足,以及现金筹集方案和多余现金利用方案。从现金预算内容中可了解到,现金预算是销售预算、生产预算等预算中涉及现金收支部分的汇总,以及收支差额平衡的详细计划。

1. 现金收入预算

制造企业现金收入主要来源于销售收入,销售预算是现金预算的编制起点。其他预算例如应收账款到期、应收款贴现等预算都以销售预算为基础,销售预算包括销量、单价和销售总额。除了销售预算还有其他收入预算,例如出售固定资产等收入预算。

2. 现金支出预算

企业现金支出主要包括生产产品所需支出、投放广告支出、进行固定资产投资支出以及支付税金管理费用等其他支出。

1) 生产预算

生产预算是在销售预算基础上编制的,其主要内容有销售量、期初和期末存货、本期生产量。由于存在诸多不确定性,企业的生产和销售在时间上和数量上不可能完全一致。

2) 直接材料预算

直接材料预算是以生产预算为基础编制的,同时要考虑原材料存货水平,主要内容有直接材料的单位产品用量、生产需用量、期初和期末存量等。

3) 直接人工预算

直接人工预算也是以生产预算为基础编制的,其主要内容有预计产量、单位产品工时、人工总工时、每小时人工成本和人工总成本。

4) 制造费用预算

制造费用按其习性,可分为变动制造费用和固定制造费用。变动制造费用预算以生产预算为基础来编制,可根据预计生产量和预计的变动制造费用分配率来计算。

5) 产品成本预算

产品成本预算是生产预算、直接材料预算、直接人工预算和制造费用预算的汇总,其主要内容是产品的单位成本和总成本。

6) 销售费用和管理费用预算

销售费用预算,是为了实现销售预算所需支付的费用预算。它以销售预算为基础,要分析销售收入、销售利润和销售费用的关系,力求实现销售费用的最有效使用。

现金预算是有关预算的汇总,由现金收入、现金支出、现金多余或不足、资金的筹集和运用四个部分组成。"现金收入"部分包括期初现金余额和预算期现金收入,现金收入的主要来源是销货收入。年初的"现金余额"是在编制预算时预计的;"销货现金收入"的数据来自销售预算;"可供使用现金"是期初现金余额与本期现金收入之和。"现金支出"部分包括预算的各项现金支出。其中"直接材料"、"直接人工"、"制造费用"、"销售与管理费用"的数据,分别来自前述有关预算;"所得税费用'、"购置设备"、"股利分配"等现金支出的数据分别来自另行编制的专门预算。"现金多余或不足"是期初现金余额、现金收入合计与现金支出合计的差额。差额为正，说明有多余现金，可用于偿还借款或用于短期投资；差额为负，说明现金不足，需要筹集资金。

现金预算和销售计划、生产计划、原材料订购计划综合使用，既保证各计划正常执行，又避免不必要的浪费，资金的合理安排，为其他计划顺利实施提供强有力的保障。

2.4.4 财务分析

财务分析是以企业财务报表等有关会计核算资料为依据，对企业财务活动过程及结果进行分析和评价，通过财务分析可以了解企业债务偿还能力、营运能力、盈利能力和发展能力。便于管理者了解企业财务状况、经营成果，改善经营管理。财务分析方法较多，常用的方法主要有比率分析法、比较分析法、趋势比率分析法和因素分析法等。

1. 比率分析法

比率分析法是通过经济指标之间的对比，求出比率来确定各经济指标间的关系及其变动程度，以评价企业财务状况及经营成果好坏的一种方法。这种分析方法在实务中广泛应用，企业现行财务分析指标主要包括四方面内容：偿债能力指标、营运能力指标、盈利能力指标和发展能力指标。

1) 偿债能力分析指标

偿债能力是指偿还到期债务的能力，包括短期和长期偿债能力。偿债能力的强弱直接表明企业面临的财务风险大小。偿债能力指标主要有：流动比率、速动比率、现金流动负债比率、资产负债率、产权比率、利息保障倍数等。企业的偿债能力取决于两点：一是企业资产的变现速度，变现速度越快，偿债能力越强；二是企业能够转化为偿债资产的数量，这一数量越大，说明企业的偿债能力越强。

2) 营运能力分析指标

营运能力是指企业基于外部市场环境的约束，通过内部人力资源和生产资料的优化配置组合而对财务目标产生作用的大小，其反映企业管理人员在经营管理中运用资金的能力。营运能力指标以各种周转率为计算主体，分为基本评价指标和具体评价指标，主要是应收账款、存货、流动资产、固定资产和总资产周转指标。企业营运能力的强弱直接影响企业偿债能力和获利能力。

3) 盈利能力分析指标

盈利能力是企业赚取利润的能力，主要指标有：主营业务利润率、成本费用利润率、总资产报酬率、资本收益率、市盈率、每股收益等，它通常体现为企业收益数额的大小与水平的高低。企业盈利能力的大小主要取决于企业实现的销售收入和发生的费用与成本这两个因素。

4) 发展能力分析指标

发展能力反映企业未来年度的发展前景及潜力，主要对企业经营规模、资本增值、生产经营成果、财务成果的变动趋势进行分析，指标主要有销售增长率、资本积累率、总资产增长率、固定资产增长率、资本保值增值率、营运资金增长率、利润增长率等。

2. 财务综合分析

比率分析方法对企业的偿债能力、营运能力、盈利能力和发展能力进行了分析，但这些分析都是从不同侧面反映企业的经营状况和财务成果。为了能对企业进行综合评价，还必须对各项比率进行关联性分析。财务综合分析方法主要有两种：杜邦财务分析体系法和沃尔比重评分法。

1) 杜邦财务分析体系法

这种分析方法由美国杜邦公司的经理创立并首先在杜邦公司成功运用，称之为杜邦系统(The Du Pont System)，它是利用财务指标间的内在联系，对企业综合经营理财能力及经济效益进行系统的分析评价的方法。其基本思想是将企业净资产收益率逐级分解为多项财务比率的乘积，有助于深入分析比较企业经营业绩。杜邦体系各主要指标之间的关系如图 2.6 所示。

从图 2.6 可以看出杜邦分析法实际上从两个角度来分析财务：一是内部管理因素分析；二是资本结构和风险分析。

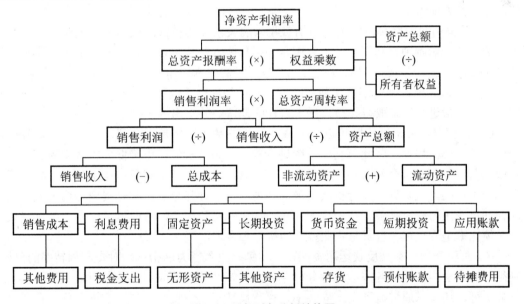

图 2.6　杜邦财务分析结构图

利用杜邦财务分析方法可以帮助了解和分析企业的获利能力、营运能力、资产的使用状况、负债情况、利润的来源，以及这些指标增减变动的原因。在用杜邦分析图进行综合分析时，主要抓住以下几点。

(1) 权益报酬率是一个综合性最强、最具有代表性的财务分析指标，是杜邦分析体系的龙头指标。投资者最关心的是自己每一元钱的投资，经过企业经营之后，每年能带来多少钱的收益。而权益报酬率恰好可反映企业所有者投入资本的获利能力，说明企业筹资、投资、资产营运等各项财务及其管理活动的效率，不断提高权益报酬率是使所有者收益最大化的基本保证。从杜邦财务分析结构图可以看到，企业获利能力的驱动器有三个发动机：销售利润率、总资产周转率和权益乘数。而销售净利润取决于企业的经营管理；总资产周转率取决于投资管理；权益乘数取决于筹资政策。通过对这三个数值的分析，就可以将权益报酬率这一综合指标发生升降变化的原因具体化，比只用一项综合指标更能说明问题。

(2) 权益乘数反映企业筹资情况，即企业资金来源结构如何。它主要是受资产负债率指标的影响。负债比率越大，权益乘数就越高，说明企业的负债程度比较高。企业在利用别人的"鸡"给自己生了较多"蛋"的同时，也带来了较大的财务风险。反之，负债比率越小，权益乘数就越小，说明企业的负债程度比较低，意味着企业没能积极地利用"借鸡生蛋"，给自己赚更多的钱，但债权人的权益却能得到较大的保障。对权益乘数的分析要联系销售收入分析企业的资产使用是否合理，联系权益结构分析企业的偿债能力。在资产总额不变的条件下，适当开展负债经营，相对减少所有者权益所占的份额，从而达到提高所有者权益报酬率的目的。

(3) 总资产报酬率也是一个重要的财务比率，综合性也较强，它是销售利润率和总资产周转率的乘积，可以反映企业的销售和资产管理情况。对它进行分析，须从销售成果和资产运营两方面着手。

(4) 销售利润率反映销售利润与销售收入的关系，其高低能敏感地反映企业经营管理水平的高低。影响销售利润率的主要因素为销售收入与成本费用，因此提高销售净利率有两个主要途径：一是要扩大销售收入，二是要降低成本费用，即所谓的"开源节流"。从图 2.6 还可以看出，提高销售净利率的另一途径是提高其他利润，想办法增加其他业务利润，适时适量进行投资取得收益，千方百计降低营业外支出等。

(5) 杜邦财务分析结构图可以分析成本费用的基本结构是否合理，还可以分析各项费用对利润的影响程度。因此可利用该图进行成本费用分析，找出降低成本费用的途径，加强成本费用控制。若企业财务费用支出过高，就要进一步分析其负债比率是否过高；若是管理费用过高，就要进一步分析其资产周转情况等。杜邦分析对利息费用分析更为重视，因为利息费用与权益乘数存在密切的关系。如果利息费用高，就应该考虑企业的权益乘数或负债比率是否合理，也就是企业资本结构是否合理。

(6) 总资产周转率是反映运用资产以产生销售收入能力的指标。对资产周转率的分析，则须对影响资产周转的各因素进行分析。除了对资产的各构成部分从占用量上是否合理进行分析外，还可以通过流动资产周转率、存货周转率、应收账款周转率等有关各资产组成部分使用效率的分析，以判明影响资产周转的主要问题出在哪里。

(7) 杜邦财务分析结构图还可以反映流动资产和长期资产的结构状况，用以分析其结果是否合理。一般来说，流动资产直接体现企业的偿债能力和变现能力，而长期资产则体现企业的经营规模、发展潜力，两者之间有一个合理的比例关系。如果企业流动资产过多，或固定资产过多，都会影响企业资产的周转速度，从而影响资产的利用效果。同样，流动资产内部也有一个合理比例问题。如果企业持有的货币资金超过业务需要，就会影响企业的盈利能力；如果企业占有过多的存货和应收账款，既会影响获利能力，又会影响偿债能力，则要分析企业是否存在产销不对路、生产周期过长、收款不力等问题，并进一步找出原因，采取相应的改进措施。

通过杜邦分析体系自上而下或自下而上的分析，可以看到权益报酬率与企业的资金来源结构、销售状况、成本费用控制、资产管理密切相关，各种因素相互制约、相互影响，构成一个有机系统。杜邦分析体系提供的上述财务信息，较好地解释了指标变动的原因和趋势，这为进一步采取具体措施指明了方向，而且还为决策者优化经营结构和理财结构，提高企业偿债能力和经营效益提供了基本思路，即提高权益报酬率的根本途径在于扩大销售，改善经营结构，节约成本费用开支，优化资源配置，加速资金周转，优化资本结构等。在具体应用杜邦分析法时，可进行纵向比较(即与以前年度对比)和横向比较(即与本行业平均指标或同类企业对比)；同时应注意这一方法不是另外建立新的财务指标，它是一种对财务比率进行分解的方法。因此，它既可通过权益报酬率的分解来说明问题，也可通过分解其他财务指标(如总资产报酬率)来说明问题。总之，杜邦分析法和其他财务分析方法一样，关键不在于指标的计算而在于对指标的理解和运用。

2) 沃尔比重评分法

沃尔比重评分法是指将选定的财务比率用线性关系结合起来，并分别给定各自的分数比重，然后通过与标准比率进行比较，确定各项指标的得分及总体指标的累计分数，从而对企业的信用水平作出评价的方法。沃尔比重评分法的基本步骤包括：①选择评价指标并分配指标权重，按重要程度确定各项比率指标的评分值，评分值之和为 100；②确定各项比率指标的标准值，即各项指标在企业现时条件下的最优值；③计算企业在一定时期各项比率指标的实际值；④形成评价结果。沃尔比重评分法的公式为：实际分数＝实际值÷标准值×权重。当实际值＞标准值为理想时，用此公式计算的结果正确。但当实际值＜标准值为理想时，实际值越小，得分应越高，用此公式计算的结果却恰恰相反；另外，当某一单项指标的实际值畸高时，会导致最后总分大幅度增加，掩盖了情况不良的指标，从而给管理者造成一种假象。

2.5 企业生产过程管理

ERP 沙盘模拟中，企业的生产过程管理主要包括生产能力预估，制订生产计划，生产能力与生产计划的平衡。企业通过生产制造出合乎市场需求的产品，并及时交货，完成订单，取得销售收入。

2.5.1 生产过程与生产管理

生产过程是一个通过劳动，把一定的资源转化为产品或服务的过程，这个过程同时也是价值增值的过程。要实现这个转化过程需要有一定的支撑环境，包括生产场地、生产设施、生产组织、管理制度和技术方法等，这些统称为生产系统。生产过程的运行，同时还受社会环境的制约，特别是市场需求、社会经济发展水平、政府相关的政策法规等方面。

生产管理是企业对生产活动进行组织、指挥、控制和协调的过程，是对生产系统设置和运行的各项工作的总称。生产管理内容主要包括生产组织、生产计划制订，以及生产控制三方面。

2.5.2 生产管理实施

1. 生产组织

生产组织是指为了确保生产的顺利进行所进行的各种人力、设备、材料等生产资源的配置。生产组织是生产过程的组织与劳动过程组织的统一。生产过程的组织主要是指生产过程的各个阶段，各个工序在时间上、空间上的衔接与协调，包括企业总体布局，车间设备布置，工艺流程和工艺参数的确定等。在此基础上，进行劳动过程的组织，不断调整和改善劳动者之间的分工与协作形式，充分发挥其技能与专长，不断提高劳动生产率。

2. 生产计划制订

企业生产计划是企业生产运作的总体计划。它根据市场需求和企业的技术、人力、物资、设备等资源情况合理安排企业计划期内生产的产品品种、质量、数量、产值和进度等一系列生产指标。制订好生产计划是企业生产管理中一项重要工作，也是编制好企业物资供应计划、人力资源计划、财务计划等各项计划的依据。

企业生产计划按时间划分可分为长期生产计划、中期生产计划和短期生产计划。

1) 长期生产计划

长期生产计划是指影响超过一年的生产计划，它是企业战略计划的重要组成部分。长期生产计划主要内容包括：新产品的研发、有关产品发展方向、生产发展规模、技术发展水平、生产能力水平、销售市场份额和生产组织结构改革。制订长期生产计划要充分考虑市场发展趋势，同时受到企业财务资源的约束。

2) 中期生产计划

中期生产计划一般以年为时间单位，根据企业经营目标、利润计划、销售计划的要求制订年度生产计划。中期生产计划主要内容包括：企业应当完成的产品品种、产量、质量、产值和生产进度。中期生产计划的制订与当年的营销策略密切相关。

3) 短期生产计划

短期生产计划是中期生产计划的细化和具体化，其制订通常以季度为时间单位。短期生产计划主要内容包括生产计划、物料需求计划、生产能力计划和生产作业计划。

3. 生产控制

生产控制贯穿于生产运作过程。生产系统凭借控制的功能，监督、制约和调整生产各环节的活动，使生产系统按计划运行，并能不断适应环境的变化，从而达到预订的目标。生产运行控制的活动内容十分广泛，涉及生产过程中各种生产要素、各个生产环节及各项专业管理。其内容主要有：进度控制、库存控制、质量控制、成本控制和数量控制等。

1) 进度控制

进度控制是对生产量和生产期限的控制，其主要目的是保证完成生产进度计划所规定的生产量和交货期限，是生产控制的基本方面。其他方面的控制水平，诸如库存控制、质量控制、维修等都对生产进度产生不同程度的影响。在某种程度上，生产系统运行过程中各方面的问题都会反映到生产作业进度上。因此,在实际运行管理过程中,企业的生产计划与控制部门通过对生产作业进度的控制,协调和沟通各专业管理部门(如产品设计、工艺设计、人事、维修、质量管理)和生产部门之间的工作,可以达到整个生产系统运行控制的协调、统一。

2) 库存控制

库存控制是使各种生产库存物资的种类、数量、存储时间维持在必要的水平上。其主要功能在于,既要保障企业生产经营活动的正常进行,又要通过规定合理的库存水平和采取有效的控制方式,使库存数量、成本和占用资金维持在最低限度。

3) 质量控制

质量控制的目的是保证生产出符合质量标准要求的产品。由于产品质量的形成涉及生产的全过程,因此,质量控制是对生产政策、产品研制、物料采购、制造过程,以及销售使用等产品形成全过程的控制。

4) 成本控制

成本控制涉及生产的全过程,包括生产过程前的成本控制和生产过程中的成本控制。生产过程前的成本控制主要是在产品设计和研制过程中,对产品的设计、工艺、工艺装备、材料选用等进行技术经济分析和价值分析,以及对各类消耗定额的审核,以求用最低的成本生产出符合质量要求的产品。生产过程中的成本控制主要是对日常生产费用的控制,包括材料费、各类库存品占用费、人工费和各类间接费用等。成本控制是从价值量上对其他各项控制活动的综合反映,因此,成本控制,尤其是对生产过程中的成本控制,必须与其他各项控制活动结合进行。

5) 数量控制

数量控制是对产品及零部件的生产数量进行控制。生产数量控制有以下三个概念:一是不得少于计划数量;二是不得多于计划数量;三是要进行配套生产。

本 章 小 结

本章主要介绍了企业主要经营管理过程及其相关理论知识。企业战略管理部分介绍了战略管理的基本含义和过程以及企业战略分析的常用工具,阐述了企业总体战略与企业经营单位竞争战略及其运用;人力资源管理部分介绍了人力资源及人力资源管理的含义,分析了人力资源管理与企业战略的关系以及企业人力资源管理的目标和职能;市场营销管理部分介绍了市场营销管理的含义及过程,重点讨论了企业目标市场战略和市场营销组合策略;财务管理部分介绍了企业财务管理的内容、现金管理预算和财务分析的内容与方法;生产过程管理部分介绍了生产过程与生产管理工作的含义以及生产管理的实施。

第3章 ERP沙盘模拟中的角色职责和企业运营规则

教学要点

通过本章的学习,要求熟悉自己所担任角色的职责,并了解模拟企业中其他角色的职责;熟悉与自身岗位相关的各项运营规则,并了解模拟企业其他岗位的运营规则。

知识架构

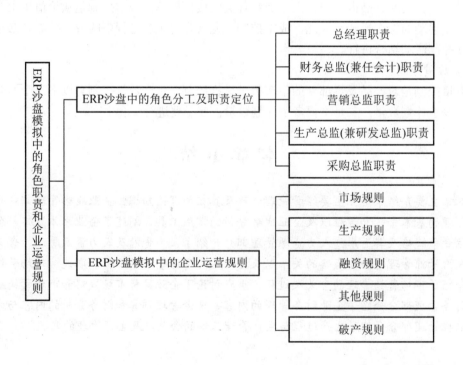

第3章　ERP沙盘模拟中的角色职责和企业运营规则

3.1　ERP沙盘中的角色分工及职责定位

ERP沙盘模拟采用简化了的生产型企业组织结构，主要涵盖了企业的战略决策机构、营销部门、财务部门、生产部门和采购部门等，分别以总经理(CEO)、财务总监、营销总监、生产总监和采购总监几个职位来代表。参加ERP沙盘模拟的学生以小组的方式进行企业运营，一个小组通常由5～7名同学组成，分别担任中企业中不同的角色，共同努力，分工协作，一起经营好自己的企业。

企业经营的成功有赖于各个部门之间的协同合作，ERP沙盘模拟中的各个角色之间也要本着各司其职、团结协作的原则，明确定位好各个角色的职责。

3.1.1　总经理职责

总经理(CEO)代表企业的最高战略决策层，主要应承担以下几项职责。

1. 制定发展战略

ERP沙盘模拟中，各企业的管理者接手一家已经经营三年的企业，在原有的基础上用六年时间来谋求企业的进一步发展。总经理在接手的初期就需要明确企业未来六年的发展战略，以及战略实施策略。

2. 分析竞争格局

企业是在与其他企业的竞争中发展的，总经理必须对其他企业的发展状况、战略发展意图、市场份额及市场优势与劣势等影响竞争的因素有全面了解，据此确立自身的市场竞争定位。

3. 确定经营指标

在ERP沙盘模拟经营中，最重要的企业经营指标有：销售收入、综合管理费用、折旧、财务费用、年度净利润、所有者权益、贷款余额等。企业的持续经营建立在盈利及拥有充足现金的基础上，只有努力扩大企业的销售额，同时又将各项成本费用控制在合理的范围内，企业才有可能获得满意的利润。总经理应充分关注这些反映企业经营状况的指标，并规划各年的经营目标，以期实现企业的长期战略目标。

4. 制定业务策略

业务策略主要包括产品策略、市场策略、产能扩张策略等，总经理需要决策企业在未来六年的产品结构、市场开拓计划、主要目标市场、企业产能扩张计划及其与市场的匹配、资金的保证等。

5. 管理团队协作

ERP沙盘模拟中各个角色之间的工作是相互关联的。采购总监的采购计划必须建立在生产总监的年度生产计划上；财务总监的年度资金预算与企业采购计划、生产计划、销售计划等密不可分。因此，企业能否在规定的时间内顺利完成运营，各角色之间的协作非常重要。因此，总经理需要按企业运营流程组织各部门开展每个经营年度的工作，在不同部门工作发生冲突时，要及时做好协调。若部门主管人员没有及时完成自身工作时，CEO还应对其进行督促、控制。

6. 企业业绩分析

每个经营年度结束后，总经理要组织企业其他成员一起对企业经营业绩进行分析。与企业年度经营目标对比，有没有达到？如果没有，原因何在？下一年度如何改进？企业原有的经营战略是否需要调整？如何调整？在对企业业绩进行分析的基础上，制订下一年度的经营计划。

3.1.2 财务总监(兼任会计)职责

在ERP沙盘模拟中，会计与财务总监的职责通常由同一个人担任，虽然这两项工作在企业实际工作中有很大的角色差异性。具体来说，其承担以下职责。

1. 全面预算管理

企业经营离不开资金的支持，没有资金支持的企业发展战略规划只能是空中楼阁。财务总监要在企业长期发展战略、企业各项业务策略的框架内，做好企业的全面预算，以保证企业战略及各项业务策略的实施。

2. 编制年度现金计划

制订年度现金计划是财务总监每个经营年度的第一项工作。企业破产规则之一就是现金流断流。保证年度现金需求是财务总监的份内工作。财务总监每年年初应在企业其他成员的协助下编制年度现金计划，作为企业年度经营的资金运作依据。

3. 日常财务记账和登账

为保证年度财务报表的完成，财务人员还需要做好日常记账和登账工作，主要是做好企业运营流程表的记录，详细登记其中每一项现金收入和支出。

4. 提供财务报表

ERP沙盘模拟要求企业每年年末提交三张财务报表：综合管理费用明细表、利润表和资产负债表，这三份报表都是由企业财务人员制作。

5. 制定企业融资策略

融资策略是影响企业经营业绩的关键因素之一，财务费用是企业可控成本中的重要部分。由于不同的融资方式其融资成本高低不同，财务总监应该在可行的范围内尽可能采用低成本的融资方式筹措企业资金，将企业的财务成本控制到最低。同时也要考虑企业的还款能力，保证企业有足够的现金归还贷款，以免企业陷入债务危机中。

6. 控制成本费用

在 ERP 沙盘模拟中，企业成本费用主要有：直接生产成本、综合管理费用、生产线折旧、财务费用，以及由紧急采购、组间交易、违约罚款等原因引致的其他收支。在年度销售收入一定的情况下，企业的年度净利润由企业的成本费用决定。为了实现企业盈利，财务人员要做好成本费用控制工作，除了做好自身财务成本的控制外，还要协助企业其他成员做好成本控制，合理规划企业的研发成本及市场开拓、ISO 资格认证的投资等。

7. 风险管理

企业破产风险来自两个方面：一是现金不足，二是所有者权益下降，其中最关键的是所有者权益的下降。因为所有者权益直接决定企业的贷款总规模，影响企业的现金筹措。因此，财务总监的财务风险管理应以所有者权益为核心来进行。每年年初在企业参加订货会选择完当年订单后，就要及时估算出企业当年的所有者权益，并在预估下一年度的现金需求及企业可用资金的基础上，制定本年度的财务决策。

8. 财务分析与协助决策

在年度经营完成之后，财务总监要对本企业的财务状况进行分析，分析包括企业的资金使用效益、资产负债状况、资产的流动性等，以协助总经理做好企业经营决策。

9. 向税务部门报税

纳税是企业应尽的义务。ERP 沙盘模拟中只设置了所得税一项税收，比现实中企业需缴交多项税收有所简化。

3.1.3 营销总监职责

营销总监负责企业的市场分析与产品销售。当模拟企业成员超过 5 人时，可将本岗位细分为信息总监和销售总监两个岗位。具体来说，营销总监应承担以下几项职责。

1. 进行市场调查分析

要做好企业营销策略，必须对市场有清晰的认识和了解。首先，营销总监要对市场预测数据进行深入细致的分析。这项工作在实现中需要大量的实际调查才能获得，ERP 沙盘模拟中已由系统给出市场预测数据，简化了这一影响企业经营的复杂因素。其次，营销总监要分析市场竞争对手，在每年年初开放盘面的时候，快速收集各种有用信息，并重点针对主要竞争对手进行分析，以此为依据确定本企业的营销策略。

2. 制定市场进入策略

ERP 沙盘模拟中企业可以有选择性地进入五个市场：本地市场、区域市场、国内市场、亚洲市场和国际市场。四种产品在不同年份、不同市场上的市场需求量、需求价格都是不一样的。营销总监应该在企业战略的框架内，根据市场竞争情况，做好市场开拓的长远规划，有针对性地选择本企业年度主要目标市场，以实现企业的销售目标。

3. 制定产品品种发展策略

ERP 沙盘模拟中有四种产品供企业选择。产品的需求量、市场价格随经营年份不断变化，营销总监要根据市场需求和竞争对手的情况，确定本企业的产品品种结构，并根据市场变化作出及时调整。

4. 明确销售任务

企业每年度的销售任务来源于两个方面：一是企业上年度库存；二是本年度的生产。营销总监在每年的年初需要协同生产总监一起，明确本年度的销售任务，主要是明确企业本年度的生产产能，以此作为制定本年度广告策略的重要依据。

5. 制定广告宣传策略

ERP 沙盘模拟中企业必须进行广告宣传才能获得消费者的认同并取得相应的订单，广告费是影响企业订单数量最重要的因素。营销总监在每年年初要根据市场需求、企业本年度销售任务、竞争对手状况等因素，确定本企业的广告投放策略，以期用以最低的销售成本尽可能好地实现企业销售目标，获得最大的经济效益。

6. 参加订货会选取订单

订单是企业销售的基础。在每年年初的订货会上，营销总监要根据本企业的生产能力选取合适的订单，尽可能地完成本年度的销售任务，同时又要注意订单的交货期、账期、单价等因素，使企业销售收入尽可能早地收现，并实现销售收入的最大化。

7. 登记订单

营销总监参加订货会选完订单后，要将订单逐张填入该年度的订单登记表中。订单登记表中"销售额合计"和"成本合计"两栏中的数据，即是当年利润表中"销售收入"和"直接成本"两栏的数据。

8. 按时发货

企业必须按订单规定的交货期交货，营销总监要保证企业有足够的产成品交货。如果企业生产能力不足，营销总监要选择给企业带来最小损失的方法来应对订单要求。

9. 分析销售绩效

ERP 沙盘模拟中企业销售业绩重点分析两个指标：一是广告费用与年度销售额的比值；二是销售量与年度销售任务的比值。前者反映企业广告费用的投放效果，后者反映企业销售任务的完成情况。营销总监应该用合理的广告费用，尽可能销售完本年度可供销售的产品，包括本年度新生产的产品和上年度库存产品。

3.1.4 生产总监(兼研发总监)职责

ERP 沙盘模拟中，生产总监负责企业的生产安排、车间管理、固定资产投资、企业产品外协，同时兼任研发总监的产品研发、ISO 资格认证等工作。具体应承担以下几项职责。

1. 编制年度产能表

每年年初确定广告投放策略之前，生产总监要根据企业本年度的生产能力编制企业年度产能表，作为营销总监制订年度销售计划和广告策略的依据。

2. 编制生产计划

当营销总监参加订货会选择订单结束后，企业当年的交货任务即已确定。生产总监据此要平衡生产能力，编制企业年度生产计划，保证订单能按期交货。同时，要根据下一年度企业的销售策略，合理安排好本年度剩余产能的生产。

3. 进行生产车间管理

ERP 沙盘模拟的生产按四个季度进行更新，每个季度都需要进行生产线上产品的更新入库以及新一批产品的上线管理。该工作流程由生产总监负责，以保证企业生产计划的具体落实。

4. 固定资产投资管理

固定资产的投资包括厂房的购买和生产线的建设。生产总监要根据当年年初 CEO 制订的年度经营计划具体落实生产线建设和厂房的购买。

5. 产品研发管理

由于企业产品研发在 ERP 沙盘模拟中设置相对简单，只需投入一定的资金和时间即可完成，研发总监的职责就由生产总监兼任。生产总监每季度按当年年初制订的年度经营计划落实产品研发的具体工作。

6. ISO 资格认证管理

企业 ISO 资格认证工作每年年末进行，该项工作的具体落实也由生产总监负责。

7. 产品外协管理

ERP 沙盘模拟可以进行组间交易，交易的品种既可以是原材料，也可以是产成品。企业当年剩余的产能可以用做组间出售，不足的产能可通过组间购买来弥补。该项工作由生产总监协同销售总监共同完成，包括确定企业有多少产品在哪个季度可以外售，哪个季度需要购入哪种产品及数量，以及组间的谈判等项工作。

3.1.5 采购总监职责

采购总监在企业中的主要职责是保证原材料的及时供应，同时还要保持原材料库存的最小化，以减少原材料资金占用。其具体应承担以下几项职责。

1. 编制采购计划

每年年初，企业采购总监要根据生产总监的生产计划来制订企业采购计划，确保生产所需原材料的及时供应和资金占用的最小化。

2. 签订采购合同

企业的原材料每季度下一次订单，所订购原材料按不同的品种分别在下一季度或者下两季度入库。采购总监在企业运营中，要按年初的采购计划落实好每一季度的原材料订单。

3. 到货验收

原材料订单入库时可增加原材料库存量以供生产需要，同时也需要支付原材料费用，采购总监要及时入库原材料。

4. 与财务部门协调

原材料采购费用是企业流动资金的重要组成部分，随着企业生产规模的扩大，在企业资金需求中占较大的比重。因此，采购总监应在年初尽早地制订年度原材料采购计划，并及时与财务部门沟通，为企业年度现金计划提供依据。

5. 与生产部门协同

原材料采购是为生产服务的，生产计划是原材料采购的依据。企业采购总监要与生产总监协同工作，尤其是生产计划有改变时，采购计划要随之迅速作出调整。

3.2 ERP 沙盘模拟中的企业运营规则

3.2.1 市场规则

1. 市场准入资格

企业决定进入新的市场时，需要做好市场调研、渠道建设等一系列工作，这些工作既需要时间，也需要资金。只有完成市场开发各项工作之后，企业才有可能进入该市场销售产品。ERP 沙盘模拟中有本地市场、区域市场、国内市场、亚洲市场、国际市场五个市场，各市场开发所需要的时间和资金与其开发的难度相关，如表 3-1 所示。各市场开发费用按开发时间在年末平均支付，某市场开拓费用全部到位后即可获得该市场准入资格，次年年初可以竞争该市场的订单。市场开发中途可以暂停，但不允许加速投资。一旦市场开发完成,不需缴交维护费,即使中断该市场的销售,也将继续拥有市场准入资格并在以后年份继续使用。

表 3-1　市场准入资格获取规则

市　　场	开　发　费	时　　间
本地市场	1M	1年
区域市场	1M	1年
国内市场	2M	2年
亚洲市场	3M	3年
国际市场	4M	4年

某企业在起始年已取得本地市场准入资格,表 3-2 是其六年市场开发计划,该企业可分别于第一年年末、第三年年末、第六年年末和第四年年末获得区域市场、国内市场、亚洲市场和国际市场的准入资格,并可以在次年年初投放对应市场的广告,竞争市场销售订单。

表 3-2　某企业六年市场开发计划

市　　场	第一年	第二年	第三年	第四年	第五年	第六年
区域市场	1M					
国内市场		1M	1M			
亚洲市场				1M	1M	1M
国际市场	1M	1M	1M	1M		

2. 市场订单选取规则

1) 市场订单要素

一张普通的市场订单如图 3.1 所示,通常包括产品订单编号、数量、交货期、账期、ISO 资格要求、销售金额等要素。

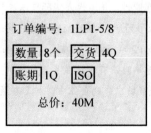

图 3.1　ERP 沙盘市场订单

(1) 订单编号。图 3.1 中的订单编号为 1LP1-5/8,分别代表年份、市场、产品种类及该市场订单张数和本订单所处位置。具体来说,其中"1"指第一年,"L"为本地市场,"P1"指 P1 产品,5/8 代表第一年本地 P1 市场共有 8 张订单,本张订单为其中的第 5 张。

(2) 产品数量。订单上的产品数量规定了该订单交货数量,按订单交货时,须一次性交够该张订单要求的全部产品数量。否则作整张订单违约处理。

(3) 交货期。交货期规定了该张订单在本年度的第几季度交货，通常情况下不能提前交货。

(4) 账期。大多数情况下，企业销售产品时不能即时获得现金，而是获得有一定账期的应收款。销售订单上的账期即指该张订单交货时的销售收入为第几期应收款。例如，某张订单交货期为 Q2，账期为 3，则这张订单在本年度第二季度交货时，销售款为第三期应收款，该销售款可在次年的第一季度收现。如账期为零，则交货时可即时收取现金。

(5) ISO 资格要求。市场上某些客户可能对产品有较高的质量要求，因此某些订单要求企业完成相应的企业认证。ERP 沙盘模拟中的企业认证有 ISO 9000 和 ISO 14000 两种，未取得订单要求的 ISO 资格的企业不能接此类订单。

(6) 销售金额。即该张订单销售所获得的总收入。

图 3.1 所示订单交货数量为 8 个，交货期为第四季度，销售收入为一期应收款，销售总收入为 40M，该订单没有 ISO 资格要求。

2) 选单机会

每年年初企业将有一次广告投放机会，这是获得本年度市场订单的基础。广告投放与订单选择机会具体包括以下关系。

(1) 广告投放按细分市场进行，企业只有在某个细分市场上投放了广告，才能获得该细分市场的选单机会，即获得一次选单机会至少要投放 1M 广告。

(2) 企业在某细分市场选单机会的次数由它在该细分市场投放广告的金额决定。如企业在某细分市场投放广告少于 3M，则只有一次选单机会；若在该细分市场广告投放额达到 3M，则可以获得 2 次选单机会；若广告费为 5M 则有 3 次选单机会。以此类推，企业每多投放 2M 广告，可获得多一次的选单机会。

(3) 如果企业投放了足够多的广告费，并实际获得多次选单机会，但企业已经获得足够多的订单，或者剩余订单不适合企业时，可放弃选单机会。

特别提示

企业投放广告多少只表明选单的可能性，并不代表实际可以选到这么多张单。如果该细分市场订单数量有限，企业实际能获得的选单次数会少于广告投入金额所对应的选单次数。例如，某企业在区域 P2 市场投放 4M 广告费，可有 2 次选取区域 P2 市场订单的机会。而该年度区域 P2 市场有订单 5 张，共有 6 个企业在该细分市场投放了广告，实际选单时没有企业放弃选单权利，该企业在区域 P2 市场实际获得的选单机会只有一次，在 6 个投放 P2 区域市场广告的企业中，排名在最后的一家甚至一次选单机会都没有。

3) 选单排序规则

当有多个企业在同一细分市场投放了广告时，企业要按一定的顺序轮流选单，排在第一位的企业优先选单，然后轮到排在后一位的企业，每次可选一张订单。如果第一轮选单结束后还有订单剩余，在该细分市场投放广告在 3M 以上的企业可获得第二轮选单机会，以此类推，直到该细分市场的订单全部被选完，或者所有投放广告的企业的选单机会全部用完。确定订单选择顺序应遵循以下具体规则。

(1) 优先选单权。如果系统设置了市场老大的，则上一年某市场的老大下一年在该市拥有优先选单权。所谓市场老大是指某市场销售额最大的企业。例如，某企业第三年在区域市场的销售额比其他企业都多，则为本年度区域市场老大，第四年年初的订货会上拥有区域市场上的优先选单权，无论其他企业广告投放额有多少，在区域市场的四个细分市场上，只要该企业有广告投放，都是第一个选单。

> **特别提示**
>
> 市场老大是按市场(如本地市场老大、区域市场老大等)计算的，是比较该市场所有产品销售额之和，而不是单个品种产品的销售额。一旦成为某个市场的老大，下一年度企业在这个市场上所有投放了广告的产品上都拥有优先选单权。但市场老大不是固定不变的，企业即使在某个市场拥有了老大地位，如果不能维持在该市场销售额最大，则会丢掉市场老大的资格。

(2) 广告投放额。当某个市场上一年度没有销售额，无法确定市场老大时，则按广告投放额的多少来确定选单顺序。在确立了市场老大的市场中，没有获得老大资格的企业选单顺序亦是按广告投放额的多少来排序的。如果系统没有设置市场老大规则，所有企业选单顺序都直接由广告投放额多少来决定。

(3) 本市场广告投放总额。如果两个或两个以上企业均不是市场老大，在某细分市场投放的广告额又相同，则按它们在该市场投放广告的总额来决定选单顺序。表 3-3 的企业 A 和企业 B 在第四年国内市场上的广告投放情况，两企业第三年均不是国内市场的老大，本年度在国内市场 P2 的广告投放额相同，但由于 A 企业在国内市场广告投放总额为 6M，大于 B 企业在国内市场的广告投放总额 5M，所以在国内市场 P2 选单时，A 企业排在 B 企业的前面。

表 3-3 第四年企业 A 与企业 B 国内市场广告投放情况

企　业	P1	P2	P3	P4	合　计
A	0	3M	3M	0	6M
B	1M	3M	0	1M	5M

(4) 上年该市场销售额。如果两个不具备市场老大资格的企业不仅在某细分市场上广告投放额相同，而且在该市场投放广告的总额也一样，其选单顺序的排列则由它们上一年度该市场的销售额决定，上一年度该市场销售额大的排在前，销售额小的排在后。

表 3-4 和表 3-5 分别是企业 A 与企业 B 第三年区域市场广告投放情况和第二年区域市场销售情况，两企业第二年区域市场 P3 的广告投放额均为 3M，在区域市场的广告投放总额也都是 6M。但由于 A 企业第二年区域市场销售额小于 B 企业第二年区域市场销售额，因此，第三年区域 P3 选单时 B 企业排在 A 企业之前。

表 3-4 第三年企业 A 与企业 B 区域市场广告投放情况

企　业	P1	P2	P3	P4	合　计
A	0	3M	3M	0	6M
B	1M	1M	3M	1M	6M

表 3-5 第二年企业 A 与企业 B 区域市场销售情况

企业	P1	P2	P3	P4	合计
A	21M	15M	0	0	36M
B	10M	30M	0	0	40M

(5) 广告投放确认时间。如果两个企业在上述各项指标上都完全一样，无论是从细分市场广告费，还是从该市场广告投放总额，或者从上年度本市场销售额上都无法排出先后顺序时，最后则由企业在电子盘面的广告投放确认时间来确定选单的先后顺序，广告投放确认早的排在前，确认晚的排在后。

3. 订单交货及违约处罚

(1) 订单必须在规定时间交货，通常情况下不能提前交货。

(2) 不能按时交货按违约处理，收回订单并按订单金额的 1/5 扣违约金。若违约金不是整数，向下取整。

(3) 如果企业在违约订单所在市场销售额最高，本应获得的市场老大资格也因违约行为而取消。

 特别提示

当企业无足够数量产品交货面临违约风险时，不足产品既可进行系统采购，也可通过组间交易获得。通常设定系统采购产成品的价格为该产品直接生产成本的 3 倍，组间交易价格则由双方商定，但不得低于该产品的直接生产成本，也不得高于该产品直接生产成本的 3 倍。

3.2.2 生产规则

1. 生产线规则

1) 生产线类型

ERP 沙盘模拟有四种不同的生产线：手工生产线、半自动生产线、全自动生产线和柔性生产线，它们在购置费用、安装周期、生产效率、生产的灵活性上均有差异，各具特点，如表 3-6 所示。

表 3-6 生产线规则

生产线	购置费	安装周期	生产周期	转产费	转产周期	维修费	残值
手工生产线	5M	1Q	3Q	无	无	1M	1M
半自动生产线	10M	2Q	2Q	1M	1Q	1M	2M
全自动生产线	15M	3Q	1Q	2M	1Q	1M	3M
柔性生产线	20M	4Q	1Q	无	无	1M	4M

(1) 手工生产线。一种低技术含量的生产线，它的优点是生产灵活性好，在同一条生产线上生产不同产品时不需要转产，新建手工线时安装周期短，且购置费用低；缺陷是生产周期长，生产效率低下，每条手工生产线一年的生产能力只有 4/3 个产品。

(2) 半自动生产线。这类生产线的购置费用、生产周期、安装周期都居中，比手工生产线高，但比全自动生产线和柔性生产线低。同时，其生产的灵活性差，同一条半自动线生产不同的产品时，需要一定的时间和费用进行转产。

(3) 全自动生产线。一种高效率的先进生产线。这种生产线最大的优点是生产周期短、生产效率高，一条全自动生产线年产量达到 4 个。但同时为此需要付出的购置费用高，安装程序也复杂，需要的安装周期也较半自动生产线长。全自动生产线另一个不足之处是灵活性不强，同一条生产线生产不同的产品时也需要一定的时间和费用进行转产。

(4) 柔性生产线。一种灵活的高效率生产线。这种生产线的生产效率与全自动生产线相同，且具有很强的灵活性，与手工生产线一样，同一条柔性生产线上生产不同的产品时，也不需要转产。正因为如此，它比全自动生产线的购置费用更高，安装周期也更长。

2) 生产线新建

企业可根据市场需求和企业资源来投资建设新的生产线，扩大生产规模，具体包括以下规则。

(1) 生产线的建设投资按季度进行，半自动线和全自动线在生产线建成时需要确定该生产线上生产的产品种类，并且只能选择生产企业已经获得生产资格的产品。

(2) 新建生产线时，生产线的购置费用不是一次性投入，而是按其安装周期平均投入。如全自动生产线的安装周期为 3 个季度，新建一条全自动生产线时，其购置费用 15M 分三次平均投入，每季度投资 5M。

(3) 新建生产线时允许中途暂停建设，恢复建设后，仍需要按季完成全部投资方可投入使用。

(4) 新建生产线在全部资金到位以后的下个季度可领取生产线标识(即该生产线生产的产品品种)，并开始上线生产产品。

(5) 即使新建生产线全部建设资金都已到位，仍然可以让生产线保持在建状态。

3) 生产线转产

手工生产线和柔性生产线本身具有很好的灵活性，产品下线之后，可随时更换下一批生产的产品种类，不需要进行转产操作。但半自动生产线和全自动生产线则需要一定的时间和费用进行转产。要对某条生产线进行转产时，该条生产线必须处于空闲状态。

例如，企业欲将一条生产 P1 产品的半自动生产线转为 P2 生产线。本年第二季度该半自动生产线上的产品下线后，让其处于空闲状态后支付 1M 费用可立即转产，第三季度便可上线生产 P2 产品。若是全自动生产线进行转产，支付的转产费用是 2M，也需要停产一个季度。

4) 生产线的维护

生产线在使用过程中需要进行维护，具体包括以下规则。

(1) 生产线建成之后需要进行维护，无论是生产中的生产线，还是转产中或是停产中的生产线，都要交维护费。

(2) 四种不同类型生产线的维护费用相同，每条生产线都需要 1M 的维护费用，年底用现金缴交。

(3) 年末尚在建设中的生产线不需要交纳维护费。

(4) 年内卖掉的生产线，当年不再需要维护。

例如,某企业现有三条手工生产线和一条半自动生产线,本年度第二季度开始投资建一条全自动生产线,该生产线在今年第四季度完成全部投资,下年第一季度可建成投产。该条生产线在今年年末仍处于在建状态,不需要交维护费。同时,该企业在第四季度出售一条手工生产线,尽管这条手工生产线在今年内一直处于生产中,并于第一季度和第四季度分别下线一个产品,但因其年末时已经出售,因此不需要维护。所以该企业本年度末支付的维护费用为 3M。

5) 生产线出售

企业可出售不再需要的生产线,生产线出售应遵循以下规则。

(1) 出售生产线时,该生产线应处于空闲状态,生产线上有产品时不能出售。

(2) 无论何时出售生产线,其出售价格均为该生产线的残值,可以现金形式获得。生产线净值大于残值时,其差额作为损失计入综合管理费用的其他项。

(3) 生产线可出售,但不允许在不同厂房间移动。

 名词解释

生产线原值:即生产线的购置费用。

生产线净值:生产线原值减去折旧后的价值。

生产线残值:生产线折旧完成后最后剩余的价值。

例如,企业一条原值为 15M 的全自动生产线已提 6M 折旧,目前净值为 9M,其残值为 3M。现将这条生产线出售,企业即时获得其残值为 3M 的现金,同时损失净值与残值之差为 6M,反映在综合管理费用明细表中的其他项中,计入企业成本费用。

2. 生产线折旧

生产线作为企业的固定资产需要计提折旧。ERP 沙盘模拟的生产线折旧规则如表 3-7 所示。

(1) 生产线建成当年不提折旧,从建成第二年开始计提折旧,一共计提四年,从建成第六年开始不再计提折旧。

(2) 生产线按平均年限法进行折旧,建成当年不折旧。从建成第二年开始,每年计提该生产线原值扣除残值后的 1/4 作为折旧费用。

(3) 各类生产线折旧完成后,其残值为该生产线原值的 1/5。

(4) 生产线建成的第六年开始虽然不再计提折旧,但不影响生产线的继续使用,其使用功能不变。

表 3-7 生产线折旧规则

生产线	购置费	残 值	建成第一年	建成第二年	建成第三年	建成第四年	建成第五年
手工生产线	5M	1M	0	1M	1M	1M	1M
半自动生产线	10M	2M	0	2M	2M	2M	2M
全自动生产线	15M	3M	0	3M	3M	3M	3M
柔性生产线	20M	4M	0	4M	4M	4M	4M

3. 产品规则

1) 新产品研发规则

企业生产 P 系统产品，按技术含量的高低，分别为 P1、P2、P3 和 P4，其研发的时间和投入的资金也随技术含量的高低递增，如表 3-8 所示，具体包括以下规则。

(1) 各产品可同步研发。

(2) 研发费用按研发周期平均支付，不得加速研发。

(3) 研发可中断，也可终止。若中断后继续研发，仍需投资满要求的周期和费用。

(4) 某产品研发费用全部到位后，可换取该产品生产资格证，下季度即可生产该产品。

表 3-8 新产品研发规则

产 品	P1	P2	P3	P4
研发周期	2Q	4Q	6Q	6Q
研发费用	2M	4M	6M	12M

2) 原材料采购规则

企业生产中可能用到的原材料有四种：R1、R2、R3、R4，采购原材料必须先下订单，原材料价格和采购提前期如表 3-9 所示，具体包括以下采购规则。

(1) 不同种类的原材料购买价格相同，均为 1M/个。

(2) R1、R2 采购提前期为一个季度，R3、R4 采购提前期为两个季度。

(3) 已下订单的原材料到达企业时，必须照单全收。

(4) 原材料入库时支付原材料购买费用。

(5) 原材料不足时，可紧急采购，其价格是原价的两倍。

(6) 原材料不足时亦可通过组间交易获得，组间交易价格双方协调，但不得低于原材料的原价，也不得高于原材料原价的两倍。

表 3-9 原材料采购规则

原材料品种	价　　格	采购提前期
R1	1M/个	1 季
R2	1M/个	1 季
R3	1M/个	2 季
R4	1M/个	2 季

3) 产品构成及直接成本

企业生产不同的产品，需要不同的原材料，ERP 沙盘模拟中各产品的 BOM 结构如图 3.2 所示，产品的直接生产成本及构成如表 3-10 所示，具体应遵循以下规则。

(1) 产品的直接生产成本等于原材料成本加上产品加工费。

(2) 产品上线时，同时支付加工费。

(3) 不同生产线生产效率不同，但加工费相同，无论是在哪种生产线上生产哪种产品，加工费都是 1M。

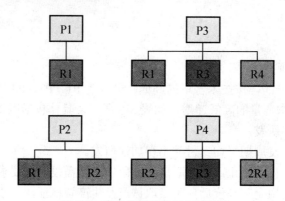

图 3.2　产品物料清单(BOM)结构

表 3-10　产品直接生产成本构成

产　　品	加工费	直接成本	产品组成
P1	1M	2M	R1
P2	1M	3M	R1+R2
P3	1M	4M	R1+R3+R4
P4	1M	5M	R2+R3+2R4

4．厂房规则

企业生产需要相应的厂房来安置生产线。厂房可租可买，具体规则如表 3-11 所示。

表 3-11　厂房规则

厂　　房	购　价	租　金	售价及账期	容　　量
大厂房	40M	5M	40M(4Q)	6条
小厂房	30M	3M	30M(4Q)	4条

(1) 企业可购买大小厂房各一个，亦可租用。

(2) 企业每个季度有一次购买厂房的机会，厂房购买后在使用过程中不提折旧，价值也不发生变化。

(3) 企业可随时出售已经购买的厂房，出售价格与购买价格相等，但不能即时获得相应的现金，只能得到相应数额的四期应收款。企业如需现金，必须贴现。

(4) 原已购买的厂房出售后，若厂房内有生产线，即在当季转为租赁，并支付相应的租金，不影响生产线的使用。

(5) 厂房租赁以年为单位，在租赁的当季支付一年的租金，第二年的同一季度再支付下一年度的租金。

(6) 在新的厂房建设生产线时，可先购买该厂房然后投资建设生产线；也可直接租厂房建设生产线，并在当季支付相应的租金。

(7) 企业可购买已租用的厂房，购买后不再需要支付租金。

5. ISO 资格认证

随着客户质量意识及环境意识的增强，他们对产品质量和环境质量的要求最终会反映在对企业产品的订单中，即部分订单要求接单企业通过相关的 ISO 认证。企业进行 ISO 认证需要一定的时间并投入一定的费用，如表 3-12 所示，具体包括以下规则。

表 3-12 ISO 资格认证规则

标　　准	ISO 9000	ISO 14000
时间	2 年	2 年
费用	1M/年	2M/年

(1) 两种 ISO 认证可同时投资。
(2) 认证完成之后，无须交纳维护费用，可长期使用。
(3) 质量认证(ISO 9000)和环境认证(ISO 14000)均需两年完成，可中断投资，也可终止投资。
(4) 在 ISO 资格认证资金全部到位后，可换取相对应的认证资格。

3.2.3 融资规则

资金是企业一切经营活动的基础。ERP 沙盘模拟中企业主要的融资渠道有长期贷款、短期贷款、应收款贴现、出售库存等，其规则如表 3-13 所示。

表 3-13 各种融资方式及费用

贷款类型	贷款时间	贷款额度	年利率/贴息率	备　　注
长期贷款	每年年初	长期贷款和短期贷款之和不能超过上年末所有者权益的 3 倍	10%	年初付息，到期还本；每次贷款额为 10 的倍数
短期贷款	每季度初		5%	到期一次还本付息；每次贷款额为 20 的倍数
应收款贴现	任何时间	视应收款额	10%(1 季，2 季)，12.5%(3 季，4 季)	变现时支付贴息，不同季应收款不能合并贴现
出售库存	系统交易：原材料 8 折，成品按成本价 组间交易：由交易双方在规定范围内协商确定			

1. 贷款规则

贷款是企业最常用的融资方式。ERP 沙盘模拟中的贷款方式分为长期贷款与短期贷款两种，贷款具体包括以下规则。

(1) 企业申请贷款有总额度的限制，且与企业的所有者权益直接相关。企业可自主决定申请借入长期贷款或是短期贷款。但无论以哪种方式贷款，两种贷款余额之和不得超过上一年末该企业所有者权益的 3 倍。

例如，企业第二年末所有者权益为 54M，第三年初长期贷款余额 70M，短期贷款余额 40M，企业在第三年内的贷款余额不得超过 160M，年内可新增贷款规模为 160-70-40=50(M)。

特别提示

某一个经营年份企业贷款总规模与上一年的资产负债表中的所有者权益相关联,与本年度经营过程中的即时权益无关。企业在本年度经营过程中所有者权益的增减只会影响下一年度贷款总规模,不改变本年度贷款上限。

(2) 每年年初可申请长期贷款,每次申请的长期贷款应为 10 的倍数。

(3) 每季度初可申请短期贷款,每次申请的短期贷款应为 20 的倍数。

(4) 长期贷款借款期限为 2~5 年,短期贷款为四个季度,即一年。

(5) 长期贷款借入当年不付利息,从第二年开始,每年年初按 10%的年利率支付利息。到期还本时,仍需要支付最后一期利息。

(6) 短期贷款在贷款到期时,一次性还本付息。

(7) 长期贷款和短期贷款均不可提前还款。

 特别提示

企业如有贷款到期,需要先偿还贷款本息后,才能申请新的贷款。

2. 应收款贴现规则

应收款是由企业出售产品形成的。如企业现金不足,可通过贴现业务将未到期的应收款转化为现金,具体包括以下贴现规则。

(1) 进行贴现业务时,需要扣除一定的贴现费用。第一期和第二期应收款贴现率为 10%,即按 1∶9 贴现;第三期和第四期的贴现率为 12.5%,即按 1∶7 贴现。

例如,企业从第二期应收款贴现 10M,其中 9M 进入企业现金库,1M 贴现息是贴现的费用,计入财务成本。

又如企业从第三期或者第四期应收款贴现 8M,其中 7M 进入现金库,1M 作为贴现费用计入财务成本。

(2) 只要企业有应收款,随时可贴现。

(3) 同季的应收款可以合并贴现,不同季的应收账款不能合并贴现。

(4) 企业贴现某期应收账款时,可以只贴现其中一部分,不必全部贴现。

3. 库存出售规则

当企业资金断流面临破产时,还可以通过出售库存原材料和产成品来融资。库存出售的对象可以是系统,也可以是其他企业,具体包括以下规则。

1) 系统交易

(1) 企业可以随时向系统出售原材料和产品以获取现金。

(2) 原材料出售价为其原价的 8 折,产成品的出售价为直接生产成本。若出售库存所得不是整数,向下取整。

(3) 不同种类的原材料出售时合并计算其出售价格。

例如，某企业向系统了出售 2 个 R1，1 个 R2，2 个 R4，计算出售所得时，合并为出售 5 个原材料，得到 4M 现金。

2) 组间交易

(1) 企业可随时进行原材料和产成品的组间交易，交易款以现金形式进入企业现金库。

(2) 组间交易的价格由交易双方协商确定。但原材料交易价格不得低于其成本，也不得高于其原价的 2 倍。产成品的交易价不得低于其直接生产成本，不得高于其直接生产成本的 3 倍。

3) 出售库存的财务处理

当出售库存出现盈亏时，扣除相应成本后的盈亏部分计入利润表中的"其他收支"项。

例如，企业向系统出售 4 个原材料，获得 3M 现金，损失了 1M 资产。当年利润表中"其他收支"项记为"−1"。

又如：企业以每个 3M 的价格向其他企业出售 2 个 P1，获得 6M 现金。2 个 P1 的其直接生产成本为 2×2＝4(M)，企业资产在交易完成后增加了 2M(现金资产增加 6M，库存商品减少 4M，最终资产增加 2M)，当年利润表的"其他收支"项记为"+2"。

3.2.4 其他规则

1. 管理费用

无论企业有没有生产、销售活动，都必须支付管理费用。管理费用按季支付，每季度为 1M。

2. 税收

企业所得税税率为 25%。如果前期有亏损，在扭亏为盈时，允许用税前利润抵扣前 5 年内的亏损后再缴交企业所得税。

举例说明：某企业前四年税前利润和所得税费用情况如表 3-14 所示。

表 3-14 某企业前四年税前利润与所得税费用情况

年 份	税前利润	本年可抵扣额	所得税费用	下年抵扣额
第一年	−18M	0	0	18M
第二年	−3M	18M	0	21M
第三年	13M	21M	0	8M
第四年	20M	8M	3M	0

3. 取整规则

ERP 沙盘模拟计量单位均为整数，在一些特殊的情况下出现小数时，按以下规则取整。

(1) 违约金扣除——向下取整。

(2) 库存拍卖所得现金——向下取整。

(3) 贴现费用——向上取整。

(4) 扣税——向下取整。

4. 综合排名规则

企业完成 6 年经营后，综合考虑其所有者权益、生产能力、资源状态等多个因素进行评分，并根据各企业的总成绩进行排队。

总成绩＝第六年末所有者权益×(1＋企业综合发展潜力÷100)-罚分

企业综合发展潜力计算如表 3-15 所示。

表 3-15　企业综合发展潜力

项　　目	综合发展潜力系数
手工生产线	5/条
半自动生产线	7/条
全自动生产线	9/条
柔性生产线	10/条
区域市场	7
国内市场	8
亚洲市场	9
国际市场	10
ISO 9000	8
ISO 14000	10
P2	6
P3	8
P4	10
市场老大	+10/个

5. 罚分规则

(1) 报表错误。每提交一次错误报表扣总成绩 3 分。

(2) 广告超时。每年广告投放时间为 10 分钟，每超时 1 分钟扣总成绩 2 分，最多扣 20 分。超时最多 10 分钟，超过 10 分钟，企业将退出经营。

(3) 报表超时。企业在规定的时间内未能提交财务报表，每超过 1 分钟扣总成绩 2 分，最多扣 20 分。超时最多 10 分钟，超过 10 分钟，企业将退出经营。

3.2.5　破产规则

企业若出现下面情形中的任何一种，即宣布破产。

(1) 企业在经营过程中现金流出现断流，即没有足够的资金支付必须以现金方式支付的费用。

(2) 企业在年末结账时所有者权益为负数。

第3章　ERP沙盘模拟中的角色职责和企业运营规则

 特别提示

只有年末结账时所有者权益为负时才能宣布企业破产,在一年的经营过程中即使所有者权益暂时性为负时,企业不破产。

本章小结

本章主要介绍了ERP沙盘中的角色分工和职责定位,以及ERP沙盘模拟中的企业运营规则。在ERP沙盘中的角色分工和职责定位中分别介绍了总经理、财务总监、营销总监、生产总监、采购总监的职责;在ERP沙盘模拟中的企业运营规则介绍了市场规则、生产规则、融资规则、其他规则和企业破产规则。

第 4 章 ERP 沙盘模拟起始状态和预演练

■■■ 教学要点

通过本章的学习，要求了解 ERP 沙盘模拟的起始状态，通过预演练熟悉 ERP 沙盘模拟的运营流程以及物理沙盘和电子沙盘的具体操作。掌握模拟经营财务报表的填制方法。

■■■ 知识架构

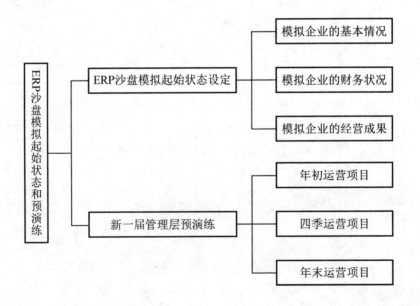

第4章 ERP 沙盘模拟起始状态和预演练

4.1 ERP 沙盘模拟起始状态设定

4.1.1 模拟企业的基本情况

模拟企业是一家生产 P 系列产品的制造型企业。创建 3 年来经过第一届管理人员的努力，已取得一定的经济效益，目前企业运作情况良好。

图 4.1 是企业第一届管理者经营到第三年末的基本情况，即 ERP 沙盘模拟起始状态。

(1) 本地市场开发完毕，拥有 P1 的生产资格。

(2) 已购买能容纳 6 条生产线的大厂房，投资建设了三条手工线和一条半自动生产线，各生产线都处于在产状态。

(3) 在制产品 4 个 P1，成品库 3 个 P1，原材料库 3 个 R1。

(4) 企业现金 30M，应收款 15M，长期贷款 40M。

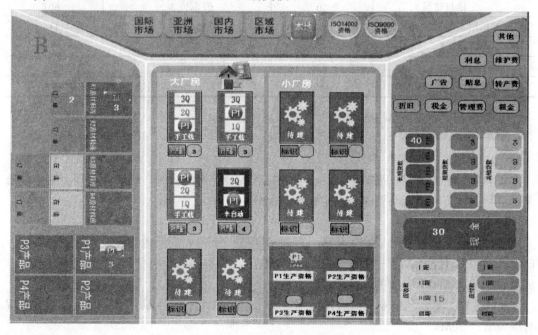

图 4.1 ERP 沙盘模拟起始状态

4.1.2 模拟企业的财务状况

资产负债表是根据资产、负债和所有者权益之间的内在数量关系，即"资产=负债+所有者权益"这一会计基本等式，按照一定的分类标准和一定的次序，将企业在特定日期的资产、负债、所有者权益 3 项反映企业财务状况的会计要素所属的项目进行适当排列，并对日常会计工作中形成的账簿数据进行加工、整理后编制而成的，其目的在于反映企业在某一特定日期的财务状况。通过资产负债表，可以了解企业所拥有与控制的经济资源及其分布情况，以及企业的资金来源与资金占用情况，进一步了解企业的资本结构，为分析、评价、预测企业的短期偿债能力与长期偿债能力和正确评估企业经营业绩提供依据。表 4-1 是模拟企业第三年年末的财务状况。

表 4-1 资产负债表

资　产	金额/M	负债和所有者权益	金额/M
流动资产		负债	
现金	30	长期贷款	40
应收款	15	短期贷款	0
在制品	8	应付账款	1
成品	6	应付税金	0
原材料	3	负债合计	41
流动资产合计	62		
固定资产		所有者权益	
土地与建筑	40	股东资本	60
机器与设备	13	利润留存	11
在建工程	0	年度净利	3
固定资产合计	53	所有者权益	74
总资产	115	负债和所有者权益总计	115

下面对 ERP 沙盘模拟中资产负债表项目作出说明。

1. 资产

资产指过去的交易、事项形成并由企业拥有或者控制的资源,该资源预期会给企业带来经济利益。资产由流动资产和固定资产两部分构成。

1) 流动资产

流动资产是指企业可以在一年或者越过一年的一个营业周期内变现或者运用的资产。ERP 沙盘模拟中的流动资产有现金、应收款、在制品、成品、原材料 5 项。其中在制品、成品和原材料都属于企业的存货。

(1) 现金。现金是企业中流通性最强的资产,可以用于各种即时的支付。模拟企业现有现金资产 30M。

(2) 应收款。应收款是由企业赊销形成的。当企业按订单出售产品时,会形成订单中规定账期的应收款。经过一段时间后,应收款可以回收为现金。若企业现金不足时,也可以通过贴现业务变为现金。目前企业有三期应收款 15M。该笔款项在下一年度的第三季可以收现。

(3) 在制品。在制品是企业正在加工的产品。模拟企业现有的四条生产线上各有一个 P1 产品正在加工中,P1 产品的直接生产成本为 2M,其中 1M 为原材料 R1,另外 1M 为加工费。4 个在制品 P1 的直接生产成本共计 8M。

(4) 成品。成品是完成全部生产过程,可供销售的产品。ERP 沙盘模拟设定有 4 个成品库,目前在 P1 成品库里的 3 个产品,每个 P1 产品的直接生产成本为 2M,共计 6M。

(5) 原材料。ERP 沙盘模拟中有 4 个原材料库,目前只有 R1 原材料库中有 3 个原材料,每个原材料的价值为 1M,共计 3M。

2) 固定资产

固定资产是指企业使用期限超过 1 年的房屋、建筑物、机器、机械、运输工具,以及其他与生产、经营有关的设备、器具、工具等。ERP 沙盘模拟中的固定资产有 3 项:土地与建筑、机器与设备和在建工程。

(1) 土地与建筑。ERP 沙盘模拟中的该项目特指厂房。如企业购买了厂房,则该项目反映厂房的价值。目前企业购买了大厂房,价值 40M。

(2) 机器与设备。ERP 沙盘模拟中该项目是指现有生产线的净值。现有的 4 条生产线净值分别为 3M、3M、3M、4M,共 13M。

(3) 在建工程。在建工程是未完工建成的生产线的价值。目前企业无在建工程。

2. 负债

负债是企业过去的交易或者事项形成的、预期会导致经济利益流出企业的现时义务。ERP 沙盘模拟中负债有长期贷款、短期贷款、应付账款、应付税金 4 个项目。

(1) 长期贷款。长期贷款是指期限超过 1 年的债务,ERP 沙盘模拟中长期贷款期限最长为 5 年。目前企业有 5 年期的长期贷款 40M。

(2) 短期贷款。短期贷款是指期限在 1 年以内的债务,ERP 沙盘模拟中只有 1 年期短期贷款。目前企业没有该项负债。

(3) 应付账款。应付账款是指因购买材料、商品或接受劳务供应等而发生的债务。ERP 沙盘模拟中可设定批量购买原材料时获得一定时期的延期付款。目前企业无此项负债。

(4) 应付税金。在 ERP 沙盘模拟中,若企业当年有盈利并且需要缴交所得税时,该项费用的实际支付时间为下个经营年度的年初,在当年年末的资产负债表中记为"应付税金"。模拟企业在创业后第 3 个经营年度的所得税费用为 1M(参见表 4-2),资产负债表中的应付税金项目也相应地记为 1M。

3. 所有者权益

所有者权益是指资产扣除负债后由所有者享有的剩余利益。ERP 沙盘模拟中所有者权益是股东资本、利润留存和年度净利 3 个项目之和。

(1) 股东资本。该项目是股东投入企业的资本,ERP 沙盘模拟中设定为 60M。若企业破产后股东增资,该项目相应改变。

(2) 利润留存。利润留存指企业税后利润减去应发现金股利的差额。ERP 沙盘模拟中不考虑股东分红,该项目是指截至上一个经营年度企业全部净利润的总和。表 4-1 反映的是企业第三年年末的财务状况,企业在前两个经营年度中共计盈利 11M,计入"利润留存"项目。

(3) 年度净利。年度净利是指企业利润总额扣除所得税后的净利润。模拟企业第三个经营年度的净利润为 3M(参见表 4-2)。

如表 4-1 所示，企业第三年年末总资产为 115M，负债合计数为 41M，所有者权益合计数为 74M，编制正确的资产负债表一定满足：资产=负债+所有者权益。

4.1.3 模拟企业的经营成果

模拟企业经过 3 年的经营，已经在本地市场上取得了良好的经营业绩，集中体现在企业的盈利上。

利润表是反映企业在一定会计期间经营成果的报表，又称为动态报表。通过利润表，可以反映企业一定会计期间的收入实现情况及其构成，可以反映成本费用的耗费情况，从而反映企业的净利润实现情况，据以判断资本保值、增值情况。我国企业利润表采用多步式结构，即通过对当期的收入、费用、支出项目按性质加以归类，按利润形成的主要环节列示一些中间性的利润指标，分步计算当期损益，可以更清晰地反映利润的来源、减项及其结构。表 4-2 是模拟企业第三年的利润表。

表 4-2 利润表

项 目	符 号	金额/M
销售收入		34
直接成本	−	12
毛利	=	22
综合费用	−	9
折旧前利润	=	13
折旧	−	5
支付利息前利润	=	8
财务支出(+)/收入(−)	−	4
其他收入(+)/支出(−)	−	0
税前利润	=	4
所得税	−	1
净利润	=	3

下面对 ERP 沙盘模拟中利润表项目作出说明。

(1) 销售收入。本项目为企业当年按订单实际交货的金额。组间出售产品或者向系统出售产品的金额不计入此项目。未按时交货的违约订单金额也不计入此项目。模拟企业第三年的订单销售额为 34M。

(2) 直接成本。本项目是订单交货产品直接生产成本的总和。模拟企业第三年共销售 6 个 P1 产品，直接生产成本：6×2=12(M)。

(3) 毛利。该项目等于企业当年销售收入减去直接成本后的差额。模拟企业第三年毛利：34M−12M=22M。

(4) 综合费用。企业综合费用由多项费用构成，模拟企业第三年的综合费用为 9M，具体参见表 4-3。

(5) 折旧前利润。该项目等于毛利与综合费用之差。模拟企业的折旧前利润：22M−9M=13M。

(6) 折旧。为简化处理，ERP 沙盘模拟中厂房不计提折旧，只有生产线计提折旧。模拟企业第三年共有 3 条手工线和 1 条半自动生产线，按折旧规则，分别提取 1M、1M、1M、2M 的折旧，共计提折旧 5M。

(7) 支付利息前利润。该项目等于折旧前利润减去当年折旧额。模拟企业第三年支付利息前利润：13M-5M=8M。

(8) 财务收入/支出。财务支出是企业为筹集生产经营所需资金等而发生的筹资费用。ERP 沙盘模拟中财务费用指利息和贴息两项费用之和。模拟企业第三年的利息支出 4M，贴息为 0，财务支出总额为 4M。ERP 沙盘模拟中没有财务收入项。

(9) 其他收入/支出。该项目涉及产品和原材料的系统交易、组间交易、订单违约罚款等。向系统出售原材料的损失、组间交易原材料的损失和订单违约罚款记为负数，在相应数额前添加 "-" 号；组间交易原材料、产品的盈利记为正数，在相应数额前添加 "+" 号。模拟企业第三年该项目为 0。

(10) 税前利润。该项目等于支付利息前利润减去财务支出和其他收支后的差额。模拟企业第三年税前利润：8M-4M=4M。

(11) 所得税。为简化处理，ERP 沙盘模拟假设所得税费用金额等于应向税务局缴纳的所得税金额，即不存在纳税调整项目和暂时性差异。按应纳税所得额的 25%所得税率计算，模拟企业第三年税前利润 4M 应缴交所得税费用 1M。

(12) 净利润。净利润又称税后利润，是企业按规定交纳了所得税后的数额。模拟企业第三年净利润：4M-1M=3M。

与利润表相关联的另一张财务报表是综合管理费用明细表。ERP 沙盘模拟中的综合管理费用主要包括管理费、广告费、维护费、租金、转产费、市场准入开拓费、ISO 资格认证费、产品研发费和其他费用，表 4-3 是模拟企业第三年的综合管理费用明细表。

表 4-3 综合管理费用明细表

项 目	金额/M	备 注
管理费	4	
广告费	1	
维护费	4	
租 金	0	
转产费	0	
市场准入开拓费	0	□本地 □区域 □国内 □亚洲 □国际
ISO 资格认证费	0	□ISO 9000　　□ISO 14000
产品研发费	0	P1(　) P2(　) P3(　)P4(　)
其他费用	0	
合 计	9	

下面对综合管理费用项目作出说明。

(1) 管理费。管理费是指企业行政管理部门为组织和管理生产经营活动而发生的各项费用。ERP 沙盘模拟中每季度固定支付 1M 管理费，全年共支付管理费 4M。

(2) 广告费。企业为争取订单投放广告的费用。模拟企业第三年向本地市场投放广告1M。

(3) 维护费。该费用用于企业机器与设备的维护。按 ERP 沙盘模拟规则，每条建成的生产线每年的维护费用为 1M。模拟企业第三年 4 条已建成生产线，共计支付维护费 4M。

(4) 租金。当企业租用厂房时，将发生租金支出。模拟企业使用中的大厂房属自购厂房，无须支付该费用。

(5) 转产费。当半自动线或全自动线要变更生产品种时，需要进行转产，转产当季将产生该项费用支出。模拟企业第三年无生产线转产。

(6) 市场准入开拓费。新市场的开拓将产生市场准入开拓费。模拟企业第三年未进行新市场的开拓投资。

(7) ISO 资格认证费。模拟企业第三年未开展 ISO 认证工作，无该项费用。

(8) 产品研发费。模拟企业第三年未开展新产品的研发工作，无该项费用。

(9) 其他费用。ERP 沙盘模拟中，出售生产线带来的损失计入该项目。模拟企业在第三年未出售生产线，无该项费用。

(10) 合计。模拟企业第三年综合管理费用合计：4M+1M+4M=9M。

4.2　新一届管理层预演练

最近，一家权威机构对模拟企业所在行业的发展前景进行了预测，认为 P 产品将会从目前的相对低水平发展为一个高技术产品。企业原有产品 P1 的市场需求量将逐年减少，并且在大部分细分市场上，市场价格也将不断降低。

为此，企业董事会及全体股东决定将企业交给一批优秀的新人去发展，他们对新一届管理层具有以下希望。

(1) 投资新产品的开发，使企业的市场地位得到进一步提升。

(2) 开发本地市场以外的其他新市场，进一步拓展市场领域。

(3) 扩大生产规模，采用现代化生产手段，努力提高生产效率。

(4) 研究在信息时代如何借助先进的管理工具提高企业管理水平。

为了让新一届管理层熟悉企业的运营流程，企业董事会让他们进行一年的预演练。预演练为模拟操作，不是企业的实际运行年，当新一届管理层真正接手企业时，其财务状况仍是 4.1 节所介绍的起始状况。

开始运营前，需要登录系统。系统登录界面如图 4.2 所示，企业编号为"u+教师指定的编号"，各企业首次登录时密码为空。进入系统后可修改密码。登录时注意保持服务器连接正常。

登录后进入 ERP 电子沙盘主界面，如图 4.3 所示。

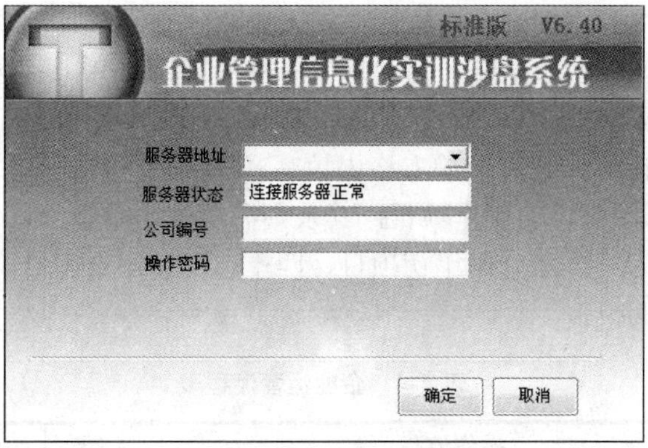

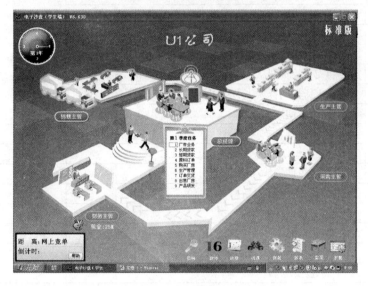

图 4.2　系统登录界面

图 4.3　系统主界面

进入系统后，可首先使用密码修改功能，保护企业的账号不被他人盗用。单击主界面右下方"密码"按钮可进入密码修改功能，如图 4.4 所示。

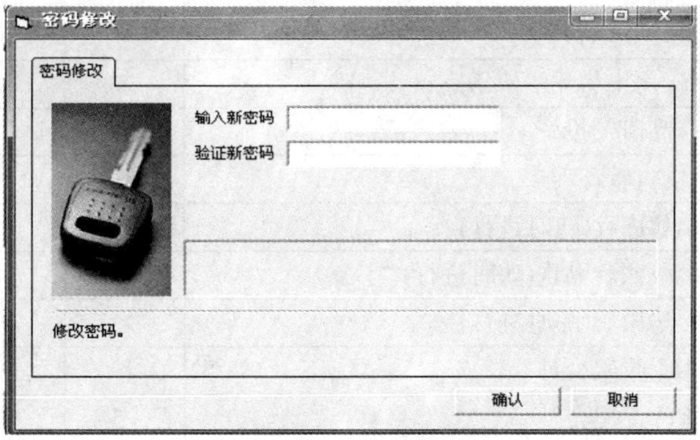

图 4.4　密码修改功能

企业运营须按照运营流程表严格执行，见表 4-4。总经理根据流程顺序发布执行指令，每项任务完成后，须在竞赛手册任务后对应的方格中打钩；并由财务总监在流程表中对应的方格内填写现金收支情况；生产总监在流程表中对应的方格内填写在产品的上线、下线、结存情况；销售总监在流程表对应的方格内填写产成品的入库、出库及结存情况。表 4-4 中带*号的项目是电子沙盘自动操作项目，其余则需要手动操作。

企业运营流程分为三个部分：年初项目、四季项目和年末项目，下面是新的管理层按照流程进行预演练年的模拟运营。

表 4-4 企业运营流程表

		操作流程	1季	2季	3季	4季
年初	1	新年度规划会议	√			
	2	广告投放	−1			
	3	参加订货会选订单/登记订单	√			
	4	*支付应付税	−1			
	5	*支付长贷利息	−4			
	6	*更新长期贷款/长期贷款还款	√			
	7	申请长期贷款	×			
四季	1	季初盘点	24	19	15	22
	2	*更新短期贷款/短期贷款还本付息	×	×	×	×
	3	申请短期贷款	×	×	×	×
	4	*原材料入库/更新原材料订单	−2	×	×	−1
	5	下原材料订单	×	×	(1)	(4)
	6	购买厂房	×	×	×	×
	7	更新生产/完工入库	√	√	√	√
	8	新建/在建/转产/变卖生产线	×	×	−5	−5
	9	紧急采购(随时进行)	×	×	×	×
	10	开始下一批生产	−1	−2	−1	−2
	11	*更新应收款/应收款收现	×	×	15	37
	12	按订单交货	×	√	×	×
	13	*缴纳违约罚款	×	×	×	×
	14	*厂房出售/租用厂房	×	×	×	×
	15	产品研发投资	−1	−1	−1	−1
	16	*支付管理费	−1	−1	−1	−1
	17	出售库存(随时进行)	×	×	×	×
	18	应收账款贴现(随时进行)	×	×	×	×
	19	厂房出售(随时进行)	×	×	×	×
	20	本季收入合计	0	0	15	37
	21	本季支出合计	−5	−4	−8	−10
	22	季末对账	19	15	22	49

续表

		操作流程	1季	2季	3季	4季
年末	1	新市场开拓/市场准入换证				-1
	2	ISO资格投资/ISO资格换证				×
	3	*支付设备维护费				-4
	4	*计提折旧				(5)
	5	*结账				44

4.2.1 年初运营项目

企业运营流程年初项目一共包括 7 项,具体包括以下内容。

1. 新年度规划会议

每年年初新年度规划会议在总经理的主持下决策企业当年的重大项目。决策的内容主要包括以下几项。

(1) 企业本年度的产品组合。即本年度企业生产的产品种类及数量。
(2) 企业本年度的市场组合和广告策略。即本年度拟进入的细分市场和广告投放金额。
(3) 企业本年度新产品研发规划。
(4) 企业本年度市场开拓规划。
(5) 企业本年度生产线建设规划。
(6) 企业本年度 ISO 资格认证投资规划。
(7) 厂房购买、出售或租赁计划。

在预演练年,企业只具备生产 P1 的资格,只能在本地市场进行销售。为谋求未来的发展,企业必须研发新的产品,开拓新的市场,投资新的生产线以扩大生产能力。为此,企业高层管理者年初作出以下决策。

(1) 本年度继续生产 P1 产品,并保持生产线上的持续生产。
(2) 本年度仍在本地市场销售产品,在本地 P1 市场投放 1M 广告费。
(3) 本年度从第一季度开始研发 P2 产品,年内完成研发并获得 P2 生产资格。
(4) 本年度开发区域市场。
(5) 本年度新建 1 条半自动生产线,从第三季度开始投资,第四季度全部资金到位。
(6) 本年度不进行 ISO 资格认证投资。
(7) 本年度不购买和租赁厂房,也不出售厂房。

2. 广告投放

企业广告投放的依据有三个:一是市场需求;二是企业的销售目标;三是市场竞争状况。

1) 市场需求信息

市场需求信息可以通过单击主界面右下方"扩展"按钮,选择"市场预测"功能进行查看,如图 4.5 所示。

在市场预测信息中，左侧图表为各产品的经营年度市场需求数量走势，右侧图为各产品经营年度市场价格走势。可以通过选择单选框，查看不同市场的预测资料；可以通过复选框的勾选，查看指定组合的产品价格图表，方便进行市场分析。附录 B 提供了 6～12 家企业的市场预测资料，包括各个市场的需求量和价格信息。

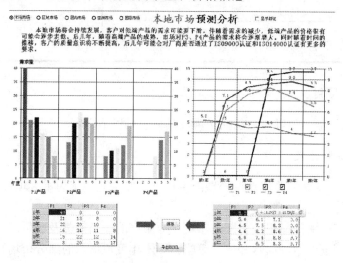

图 4.5　市场预测信息

2) 企业的销售目标

企业的销售目标是指企业当年需要完成的销售任务，它以企业产能和年初库存产品为基础。企业预演练年的生产能力及每季度可销售的最大产品数如表 4-5 所示。全年的销售任务为 9 个 P1 产品。

表 4-5　企业预演练年产能表

	P1		P2		P3		P4	
	本季产出	累计产量	本季产出	累计产量	本季产出	累计产量	本季产出	累计产量
年初库存		3	0	0	0	0	0	0
1Q	1	4	0	0	0	0	0	0
2Q	2	6	0	0	0	0	0	0
3Q	1	7	0	0	0	0	0	0
4Q	2	9	0	0	0	0	0	0

3) 市场竞争状况

市场竞争强度由市场的供求关系决定。以 8 家企业市场预测资料为例，新一届管理层接手后的第一年本地 P1 需求量为 40 个，平均每个企业 5 个。而每个企业全年可销售 P1 产品均为 9 个，全部市场供给量 72 个，市场供给远大于市场需求，市场竞争较激烈。但在预演练年，市场供给关系由教师设定，与模拟经营第一年数据不一致。为了使经营数据一致，各模拟企业广告投放额均为 1M，所获得的订单也完全相同。

第4章　ERP沙盘模拟起始状态和预演练

单击主界面右下方的"动推"按钮，可以进入动态盘面，如图4.6所示。盘面上有一红框，其所在位置为当前操作项目。完成当前项目的操作之后，可单击左上方"推进到下一步"按钮，进入下一个项目的操作。

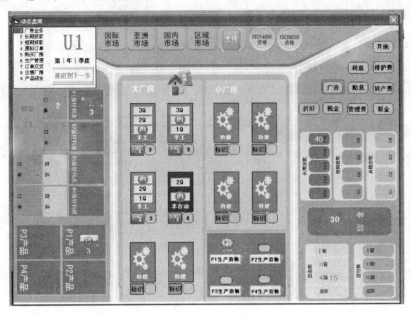

图4.6　系统动态盘面

图中红框在"广告"处，单击红框后可进行广告投放。广告投放功能如图4.7所示，在本地P1方格中填写广告投放额"1"后提交即可。

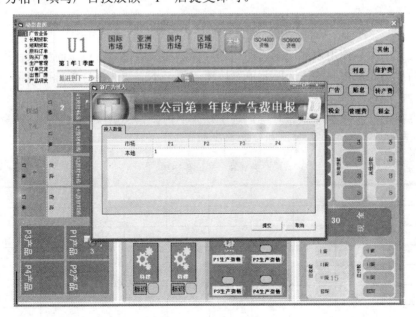

图4.7　广告投放功能

3. 参加订货会选订单/登记订单

提交广告费申报单后，系统进入选单界面，如图 4.8 所示。系统按设定规则自动排出选单顺序，自动分轮次选单。排定选单顺序的企业在每轮选单时，只能选择一张订单。当第一轮选单完成后，如果还有剩余订单，还有资格的企业可以按选单顺序进入下一轮选单。每年细分市场第一个选单的企业通常有 60 秒选单时间，余下的企业一般只有 30 秒的选单时间。如果企业在规定的时间内没有选择任何订单，系统默认为该企业放弃该次选单机会。

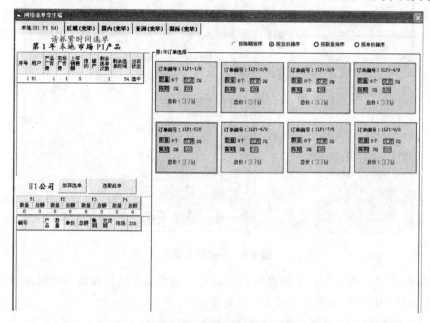

图 4.8　订单选择过程

选单过程中可以使用顶部的单选框，进行预定功能的排序。选单时先单击准备选取的订单，然后单击左侧中间的"选取此单"按钮。如果不需要选择订单，可以单击"放弃选单"按钮。已经选择的订单，将在左下角的已选取订单表格中显示。

预演练年中，企业获得 1 张订单，选单结束后由营销总监按要求录入订单登记表，见表 4-6。完成后，关闭选单界面，回到动态盘面。

表 4-6　订单登记表

订单号	××								合计
市场	本地								
产品	P1								
数量	6								
交货期	2Q								
账期	2Q								
现金回收期	4Q								
销售额	37								37

续表

订单号	××							合计
成本	12							12
毛利	25							25
未售								

4. 支付应付税

当企业选单完毕并推进到下一步时，该项流程自动进行。预演练年初应实付上一年的应交税金1M，从现金中扣除。

5. 支付长贷利息

该流程与支付应付税同时自动进行。上年度企业长期贷款40M，按10%年息应支付长期贷款利息4M，从现金中扣除。

6. 更新长期贷款/长期贷款还款

原有的长期贷款在新一年中还款期减少1年，如果有到期的长期贷款，则应归还本金。该流程与4、5两个流程一起同时自动进行，原有5年期长期贷款在预演练年初自动更新为4年期，本年度没有到期长期贷款。

图4.9是企业更新长期贷款后的盘面。

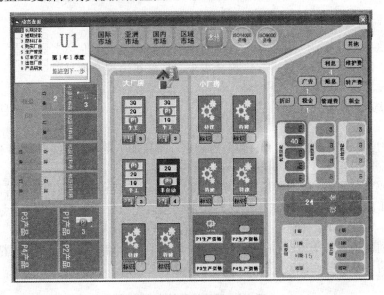

图4.9 更新长期贷款后盘面

7. 长期贷款申请

选单完毕推进到下一步后，系统推进到长期贷款申请项目。单击"长期贷款"位置的红框，进入长期贷款申请功能，如图4.10所示。选择贷款数量和年限后单击"确认"按钮即可完成操作。

特别提示

选择长期贷款数量时,一次操作最多可贷款100M。如当年计划的长期贷款额超过100M时,可多次进入长期贷款申请功能完成贷款申请。

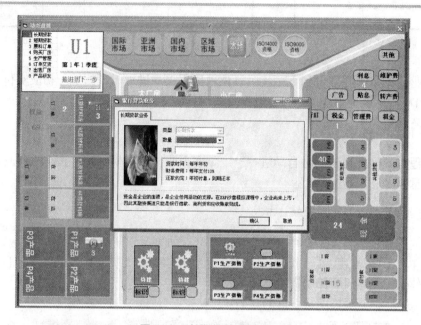

图 4.10　长期贷款申请功能

长期贷款申请是企业当年财务管理的重要一环,确定是否借入长期贷款,借入多少长期贷款之前,需要认真分析企业年度现金需求,做好年度现金计划。

企业年度现金需求包括以下内容。

(1) 年初资金需求:包括广告费、支付上年度应付税金、长期贷款利息、长期贷款还本。

(2) 各季度资金需求:包括原材料入库资金、产品加工费、生产线新建/续建/转产资金、厂房购置费、厂房租金、产品研发费、管理费等。

(3) 年末资金需求:包括市场开拓费、ISO 资格认证费和设备维护费用等。

为做好年度现金计划,要求生产总监和采购总监先做好本年度的生产计划和原材料采购计划,表 4-7 和表 4-8 分别是企业预演练年的生产计划和原材料采购计划。

生产计划是企业每季度产品上线计划,由企业生产总监按年度规划会议精神、企业本年需要完成的订单任务,以及下一年度的产品策略来制定。

表 4-7　预演练年的生产计划

年　　份	季　　度	P1	P2	P3	P4
本年度	1Q	1	0	0	0
	2Q	2	0	0	0
	3Q	1	0	0	0
	4Q	2	0	0	0

年份	季度	P1	P2	P3	P4
下年度	1Q	0	2	0	0
	2Q			0	0

生产计划表的作用有三个：一是生产总监用于指导全年的生产；二是财务总监据此安排当年各季的生产加工费用；三是采购总监据此制订年度原材料采购计划。其中前两项功能的完成只需要制定当年1~4季的生产计划，而提供给采购总监的生产计划表则要安排到下一年度的第二季度。因为下一年度第一、第二季度生产需要的原材料必须提前在本年度订购。

预演练年企业只具备P1生产资格，年度规划会议上决定今年连续生产，全年内上线生产6个P1产品；在下年度，今年新建的1条半自动生产线从第一季度开始投产P2，手工线也全部改产P2，只有半自动线继续生产P1。因此，预演练年的生产计划如表4-7所示。

根据年度生产计划，采购总监可计算各季度原材料使用量。计算公式如下：

某季使用R1数量=该季上线P1数+该季上线P2数+该季上线P3数

某季使用R2数量=该季上线P2数+该季上线P4数

某季使用R3数量=该季上线P3+该季上线P4数

某季使用R4数量=该季上线P3数+2×该季上线P4数

根据各季度原材料使用量、原材料年初库存以及上年度原材料订单数，采购总监制订企业预演练年原材料采购计划，既要保证原材料的及时供应，又要将原材料库存量降至最低，减少资金的占用。

表4-8 预演练年原材料采购计划

	R1				R2			
	季初库存	本季入库	本季使用	本季订购	季初库存	本季入库	本季使用	本季订购
1Q	3	2	1	0	0	0	0	0
2Q	4	0	2	0	0	0	0	0
3Q	2	0	1	1	0	0	0	0
4Q	1	1	2	2	0	0	0	2
下年1Q	0	2	2	0	0	2	2	0

	R3				R4			
	季初库存	本季入库	本季使用	本季订购	季初库存	本季入库	本季使用	本季订购
1Q	0	0	0	0	0	0	0	0
2Q	0	0	0	0	0	0	0	0
3Q	0	0	0	0	0	0	0	0
4Q	0	0	0	0	0	0	0	0
下年1Q	0	0	0	0	0	0	0	0
下年2Q	0	0	0	0	0	0	0	0

根据企业年初规划会议精神和表 4-7 年度生产计划、表 4-8 年度原材料采购计划，财务总监可计算出企业全年各项资金需求，并填入表 4-9 中。

根据表 4-9 中年初、四季和年末的现金支出情况，全年资金需求总额为 40M，年初现金 30M，第三季度有 15M 应收账款收现，第四季度有 37M 应收账款收现，年末现金余额 44M，完全能满足下一年度初广告费和长期贷款利息的支付需要，因此，企业本年度资金充裕，不需要借贷。

表 4-9 预演练年现金计划

单位：百万元(M)

资金项目	年初	资金项目	1Q	2Q	3Q	4Q	资金项目	年末
年初现金	30	季初现金	24	19	15	22	应收账账款贴现	
应收账款贴现		应收账款贴现					市场开拓费	-1
广告费	-1	短贷还本付息					ISO 认证费	
支付应付税	-1	借入短贷					设备维修费	-4
长贷利息	-4	原材料入库/出售	-2	0	0	-1	年末支出合计	-5
长贷还本	0	购买厂房					年末现金余额	44
借入长贷		生产线费用			-5	-5		
年初支出合计	-6	紧急采购原材料						
年初收入合计	0	加工费	-1	-2	-1	-2		
		出售产成品						
		应收款收现			15			
		紧急采购产成品						
		零账期订单收现						
		违约罚款						
		厂房租金						
		产品研发费	-1	-1	-1	-1		
		管理费	-1	-1	-1	-1		
		本季支出合计	-5	-4	-8	-10		
		本季收入合计	0	0	15	37		

注：其中生产线费用包括生产线新建、在建、转产发生的费用和生产线变卖获得的现金。

4.2.2 四季运营项目

企业的生产、建设、研发等项活动按季进行，每个季度的活动可具体分解为 22 项，大部分活动必须按流程运行，另一部分活动可随时进行。下面是预演练年四个季度的运营情况及相关操作。

1. 第一季度运营

1) 季初盘点

即季初现金盘点。每季度初的现金必须能够支付当季应支付的短期贷款本息，否则会因现金断流而导致企业破产。

预演练年第一季度季初盘点现金为 22M。

2) 更新短期贷款/短期贷款还本付息

该流程系统自动进行，当完成长期贷款申请流程后将系统推进到下一步时，系统将自动从库存现金中扣除当季到期的短期贷款本息，并自动更新未到期的短期贷款。

预演练年第一季没有到期短期贷款，也无短期贷款更新。

3) 短期贷款申请

完成长期贷款申请流程并将系统推进到下一步后，系统进入短期贷款申请流程，红框在"短期贷款"位置，如图 4.11 所示。

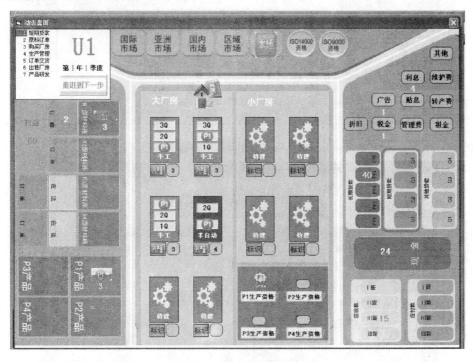

图 4.11　短期贷款申请流程

单击图 4.11"短期贷款"位置的红框，系统进入短期贷款申请功能，如图 4.12 所示，选择贷款数量并确认，即可完成短期贷款的申请。

按表 4-9 年度现金计划，第一季不申请短期贷款。

4) 原材料入库/更新原材料订单

该流程系统自动进行。完成短期贷款申请流程并推进到下一步后，本季到货的原材料会自动入库，系统将自动从现金库中扣除相关费用。如果现金库资金不足，企业将宣布破产。如果上一季度订购了 R3 或 R4，本季度将这些订单更新至"在途"位置。

预演练年第一季度到货入库的原材料是 2 个 R1，入库后原材料库 R1 库存量增加到 5 个，支付原材料费 2M，从现金中扣除，本季度原材料入库更新，如图 4.13 所示。

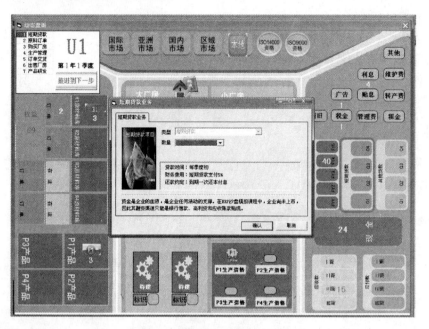

图 4.12 短期贷款申请功能

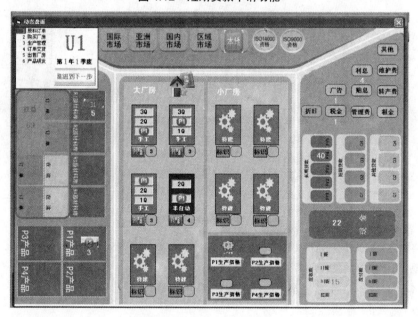

图 4.13 原材料入库更新

5) 下原材料订单

短期贷款申请流程结束并推进到下一步,系统自动完成原材料入库和更新后,进入下原材料订单流程。如图 4.13 所示,单击图中原材料库位置的红框,可进入原材料订单功能,如图 4.14 所示。

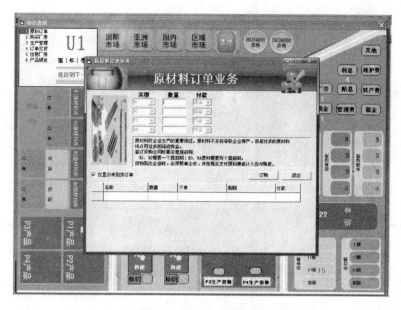

图 4.14 原材料订单功能

根据表 4-8 本年度原材料采购计划,预演练年第一季度不订购原材料。

6) 购买厂房

完成原材料订单流程推进到下一步,进入购买厂房流程,如图 4.15 所示。单击图上红框进入购买厂房功能,选择购买厂房的类型(大厂房或小厂房)并确认,即可完成该功能,如图 4.16 所示。

预演练年规划会议决定当年不购买厂房。

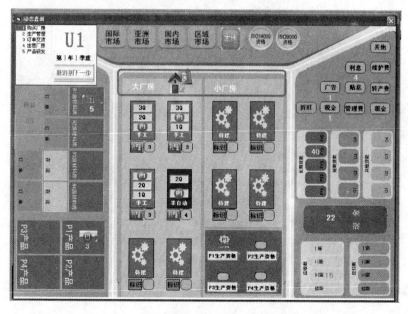

图 4.15 厂房购买流程

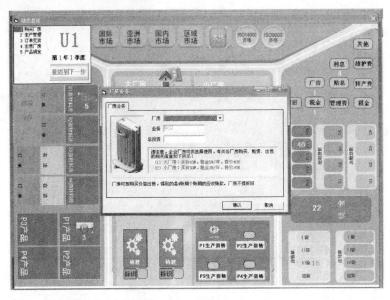

图 4.16　厂房购买功能

7) 更新生产/完工入库

进入这一流程后的盘面如图 4.17 所示,单击图中的红框即可进行生产线管理,如图 4.18 所示。在这一功能操作框中,可完成生产更新、完工入库、生产线新建或在建、生产线转产、生产线变卖,以及开始下一批产品的生产等流程。

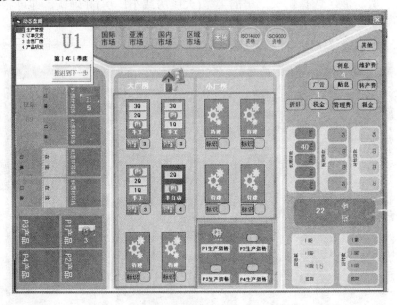

图 4.17　更新生产流程

预演练年有 4 条生产线,第一季度有 3 条生产线更新,1 条生产线完工入库,需要逐一更新或入库。

第4章 ERP沙盘模拟起始状态和预演练

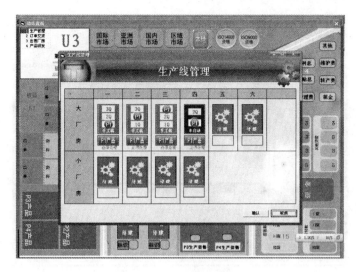

图4.18 生产线更新确认

单击准备更新或完工入库的生产线图标即可进行操作。先单击左边第一条生产线，出现该条生产线的更新界面，如图4.19所示，原位于1Q生产周期的P1产品在本季更新为2Q。单击该图标并予以确认，即可完成该生产线的更新。用同样的方法可完成第二条手工生产线和半自动生产线的更新。

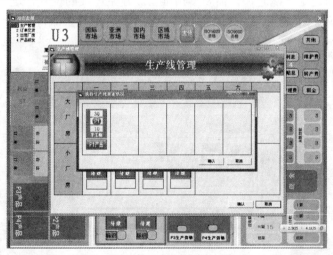

图4.19 生产线更新确认

本季度只有第三条手工生产线上的产品可以下线入库。单击第三条手工生产线图标进入产品入库与开始下一批生产功能，如图4.20所示。图中有两个可选项，如选择右边图标意味着让生产线暂时空闲，在此状况下，可进行生产线转产、变卖等业务的操作；选择左边则表示该生产线继续上线生产P1。更新完毕后，原生产线上的产品自动入库，库存P1产品增加为4个。

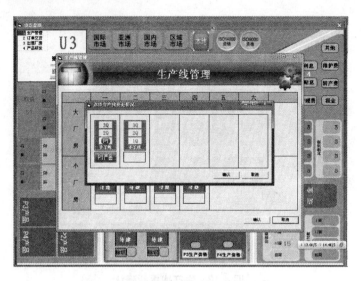

图 4.20　产品入库与开始下一批生产

8) 新建/在建/转产/变卖生产线

企业可以在厂房内空置的位置上新建生产线，也可以变卖现有生产线后在原位置新建生产线。

在空置位置新建生产线时，只需要单击准备新建生产线的位置，进入生产线类型选择功能，如图 4.21 所示，在 4 种类型的生产线中选择一种并确认即可。

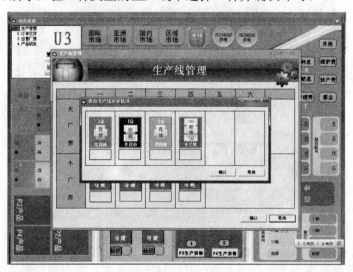

图 4.21　生产线新建

若某条生产线上产品当季下线，既可选择图 4.20 左边的图标持续生产，也可以选择右边图标让生产线暂时空闲。空闲后再一次单击该生产线可转产或变卖该生产线，如图 4.22 所示。

第 4 章　ERP 沙盘模拟起始状态和预演练

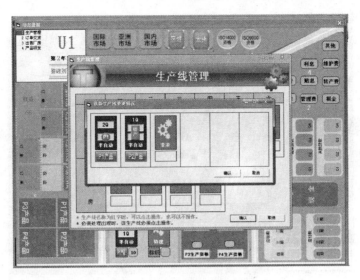

图 4.22　生产线转产或变卖

预演练年中第一季度，无新建生产线，也无生产线转产、变卖。

9) 紧急采购(随时进行)

ERP 沙盘模拟中紧急采购流程可随时进行，既包括组间的购买，也包括向系统的紧急采购；既可以购买原材料，也可以购买产成品。

关闭"动推"功能回到 ERP 主界面，单击右下方"扩展"按钮后进入"扩展业务选择"界面，如图 4.23 所示。

图 4.23　扩展业务选择界面

选择"紧急采购"功能，可向系统紧急采购。通过选择类型(原材料或成品)、名称(原材料种类或者成品的名称)和数量并予以确认，可完成向系统紧急采购原材料和产成品，如图 4.24 所示。

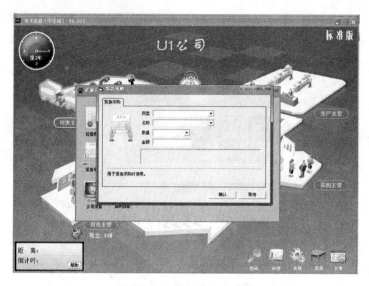

图 4.24　系统紧急采购功能

产品及原材料的不足还可以通过组间购买取得。当 ERP 沙盘模拟中的两个企业通过谈判达成组间交易时，先由出售产成品或材料一方发出交易邀请，购买方企业同意购买后，交易完成。具体操作为：当两家企业进行产成品交易时，由产品出售方单击主界面右下方"扩展"按钮进入"扩展业务选择"界面后选择"产品交易"功能，再选择产成品类型（P1、P2、P3、P4）、卖出数量、卖出总额及交易对方公司编号并予以确认，如图 4.25 所示。

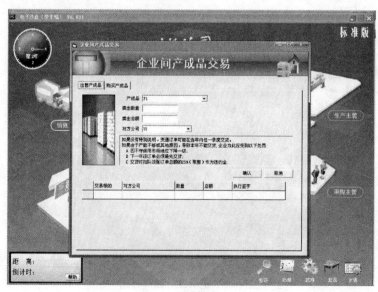

图 4.25　组间购买产成品功能 1——出售方

出售产品的企业确认出售信息后，购买产品的企业通过同一功能中"购买产成品"选项来确认企业间的交易，如图 4.26 所示。购买方企业同意购买后，产成品和现金在两个企业中相应增减，产品交易完成。

第 4 章　ERP 沙盘模拟起始状态和预演练

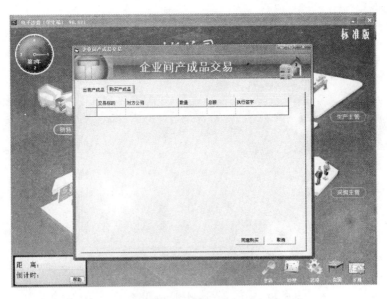

图 4.26　组间购买产成品功能 2——购买方

若两家企业进行原材料交易，首先由原材料出售一方在"扩展业务选择"界面上选择"原料交易"功能，再选择原材料类型(R1、R2、R3、R4)、卖出数量、卖出总额及交易对方公司编号并予以确认，如图 4.27 所示。

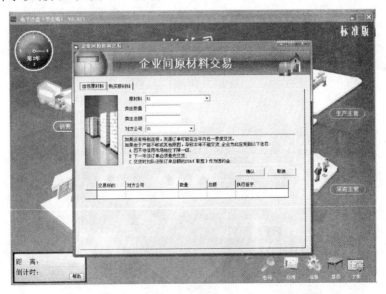

图 4.27　组间交易原材料功能 1——出售方

出售原材料的企业确认出售信息后，购买原材料的企业通过同一功能中"购买原材料"选项来确认企业间的交易，如图 4.28 所示。购买方企业同意购买后，原材料和现金在两个企业中相应增减，原材料交易完成。

图 4.28　组间交易原材料功能 2——购买方

预演练年第一季度不进行紧急采购。

10) 开始下一批生产

该流程分两种情形。

第一种情形是原有生产线上的在产品下线后，继续下一批生产。这种情形的操作与完工入库可同时进行，具体方法可按图 4.20 中所示的方法进行。

第二种情形是新建成的生产线第一次上线生产产品。新建生产线全部投资到位的下一季度，单击该生产线可选择该生产线本季状态，如图 4.29 所示。如果选择右边"在建"，即继续保持该生产线为在建状态；如选择左边图标，则确认该生产线将选择生产 P1 产品。若企业已获得多个产品的生产资格，在该界面上会出现所有已获得生产资格的产品选项。

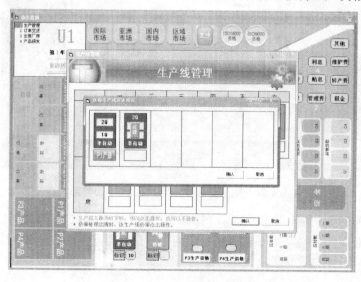

图 4.29　生产线建成时选项

如果生产线建成当季需要使用该生产线生产产品,还要再一次单击该生产线并确认产品上线,如图 4.30 所示。

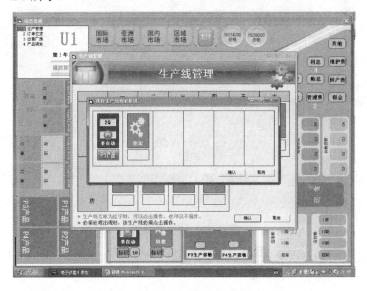

图 4.30 新建生产线首次上线产品

预演练年第一季度只有第三条手工线需要开始下一批生产,继续生产 P1 产品,支付 1M 加工费,从现金中扣除。

11) 更新应收账款/应收账款收现

完成更新生产各项操作并推进到下一步后,系统自动更新该流程。预演练年第一季度无应收账款收现,原有的三期应收账款 15M 更新为二期应收账款,如图 4.31 所示。

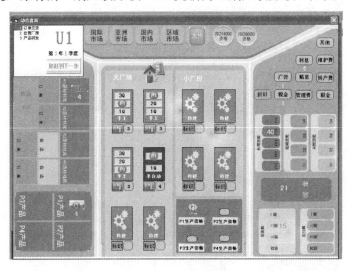

图 4.31 应收账款更新

12) 按订单交货

完成生产区各项操作并推进到下一步后,系统进入按订单交货流程,如图 4.32 所示。

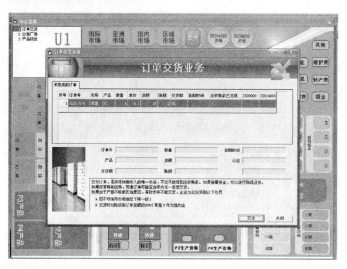

图 4.32　按订单交货

单击成品库位置的红框进入按订单交货功能,如图 4.32 所示。单击"到期交货订单",单击"交货"按钮即完成交货业务。

预演练年第一季度没有交货订单。

13) 缴纳违约罚款

完成订单交货业务并推进到下一步后,本流程自动进行。如果企业本季应交货订单没有按规定交货,系统默认为违约,并自动扣除应缴纳的罚款。

预演练年第一季度无订单违约,不需缴纳违约罚款。

14) 厂房出售/租用厂房

完成订单交货业务并推进到下一步后,系统进入厂房出售流程,如图 4.33 所示。红框位于厂房位置,单击红框即可进行该项业务操作,如图 4.34 所示。选择准备出售的厂房并予以确认,即可完成厂房出售业务。

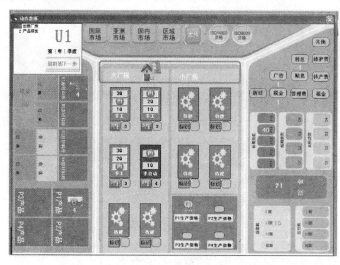

图 4.33　厂房出售流程

第 4 章 ERP 沙盘模拟起始状态和预演练

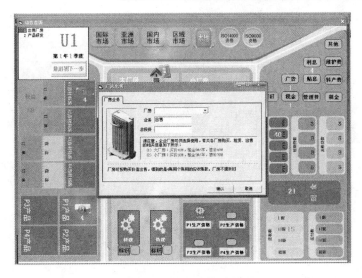

图 4.34　厂房出售功能

如果企业当季出售了厂房，该流程后系统将自动扣除厂房租金；若企业当季在未购买的厂房内新建了生产线，该厂房的租金也将在该流程后自动扣除。

预演练年第一季度不出售厂房，也不用缴纳厂房租金。

15) 产品研发投资/生产资格换证

完成厂房出售业务并推进到下一步后，系统进入产品研发流程，红框位于产品生产资格位置，如图 4.35 所示。

单击图 4.35 红框可进入产品研发操作功能。在计划研发的产品右侧打"√"并予以确认，可完成产品研发业务操作，如图 4.36 所示。

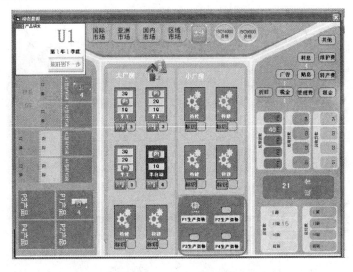

图 4.35　产品研发流程

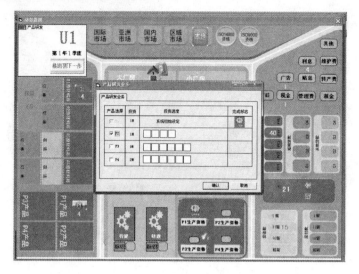

图 4.36 产品研发操作功能

预演练年第一季度计划研发 P2，需支付研发费 1M 现金。

16) 支付管理费

该流程系统自动进行。当完成产品研发业务操作并推进到下一步后，系统将进入第二季度业务流程，与此同时自动从现金中扣除第一季度的管理费 1M。

完成产品研发业务后系统推进到下一步时，企业需要有足够的现金支付当第一季度的管理费、第二季度到期的短期贷款的还本付息，否则企业将宣布破产。

17) 出售库存

该流程可随时进行。单击主界面"扩展"按钮后选择"库存出售"功能，即可完成向系统出售库存原材料或者库存产成品，如图 4.37 所示。

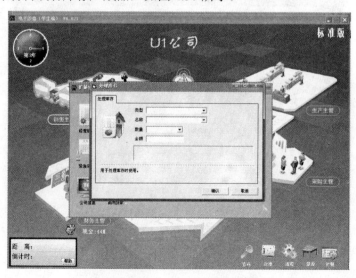

图 4.37 向系统出售库存

企业还可以随时向其他企业出售库存产品或原材料，具体操作已在组间紧急采购中介绍，参见图 4.25、图 4.26、图 4.27 和图 4.28。

18) 应收账款贴现

该流程可随时进行。单击主界面"扩展"按钮后选择"应收账款贴现"功能，可进行应收账款贴现业务操作。单击图 4.38 左上计划贴现的应收账款，再选择贴现的金额，在图的右侧会自动显示该次贴现业务操作后所得现金和需支付的贴息，检查无误后单击"贴现"按钮即可完成贴现操作。如果要对不同期的应收账款贴现，重复上述操作即可。

图 4.38　应收账款贴现

19) 厂房出售

厂房出售业务可随时进行，且需要分两步进行。首先通过在"扩展"功能中选择"出售厂房"来出售厂房，如图 4.39 所示。

上述操作完成后，系统会增加四期应收款 40M，这时再进入"应收账款贴现"功能，按 1：7 的比例进行贴现。如果该厂房内有生产线，出售厂房的当季系统自动扣除厂房租金。

20) 本季收入合计

这一流程 ERP 电子沙盘中无须操作，但在流程表中需要进行统计，累计计算当季的全部现金收入。预演练年第一季度无现金收入。

21) 本季支出合计

这一流程 ERP 电子沙盘中无须操作，但在流程表中需要进行统计，累计计算当季的全部现金支出。从表 4-4 中可知，预演练年第一季度现金支出 5M，记为-5M。

22) 季末对账

这一流程 ERP 电子沙盘中无须操作，但在流程表中需要进行统计，可由下面的公式计算：

$$季末对账数 = 季初盘点现金 + 本季收入合计 - 本季支出合计$$

预演练年第一季度季末对账时的现金：24+0-5=19(M)。

图 4.39　厂房出售

2. 第二季度运营

第二、三、四季度运营的流程及操作与第一季相同，具体的操作方法不再重复，只对本季度的实际发生业务作出说明。

1) 季初盘点

第二季度季初盘点现金应与第一季季末对账数一致。预演练年第二季度季初盘点现金19M。

2) 更新短期贷款/短期贷款还本付息

本季无短期贷款更新，也无到期短期贷款的还本付息。

3) 申请短期贷款

根据表 4-9 全年现金计划，本季不申请短期贷款。

4) 原材料入库/更新原材料订单

本季无原材料入库，也无原材料订单更新。

5) 下原材料订单

根据表 4-8 原材料订购计划，本季不订购原材料。

6) 购买厂房

按年初规划会议决议，本季不购买厂房。

7) 更新生产/完工入库

本季需要更新两条生产线：第一条手工线、第三条手工线；本季有两条生产线上的产品可完工入库：第二条手工线和半自动线，完工入库后，库存 P1 产品增加到 6 个。

8) 新建/在建/转产/变卖生产线

按年初规划会议决议，本季不新建生产线，也没有生产线转产与变卖。

9) 紧急采购(随时进行)

本季不需要进行紧急采购。

10) 开始下一批生产

本季两条可完工入库的生产线继续上线生产 P1，同时支付加工费 2M，从现金中扣除。

11) 更新应收款/应收款收现

原有 15M 应收款在本季更新到一期，本季无应收款收现。

12) 按订单交货

本季有 1 张订单需要交货，数量为 6 个。交货后，成品库中 P1 数量为零，同时形成二期应收款 37M。

13) 缴纳违约罚款

本季度订单已按规定交货，无违约，不需要缴纳违约罚款。

14) 厂房出售/租用厂房

本季不出售厂房，也不需要缴纳厂房租金。

15) 产品研发投资/生产资格换证

按计划继续研发 P2，支付研发费用 1M，从现金中扣除。

16) 支付管理费

支付本季管理费 1M，从现金中扣除。

17) 出售库存(随时进行)

本季不出售库存。

18) 应收账款贴现(随时进行)

本季不进行应收账款贴现。

19) 厂房出售(随时进行)

本季不进行厂房出售。

20) 本季收入合计

本季没有现金收入。

21) 本季支出合计

本季支出合计 4M，其中加工费支出 2M、产品研发费支出 1M、管理费支出 1M，记为 -4M。

22) 季末对账

本季季末现金：19+0-4=15(M)。

3. 第三季度运营

1) 季初盘点

本季季初盘点现金 15M。

2) 更新短期贷款/短期贷款还本付息

本季无短期贷款更新，也无到期短期贷款的还本付息。

3) 申请短期贷款

根据表 4-9 全年现金计划，本季不申请短期贷款。

4) 原材料入库/更新原材料订单

本季无原材料入库，也无原材料订单更新。

5) 下原材料订单

根据表 4-8 原材料订购计划，本季订购 1 个 R1 原材料。

6) 购买厂房

按年初规划会议决议，本季不购买厂房。

7) 更新生产/完工入库

本季需要更新 3 条生产线：第二条手工线、第三条手工线和半自动生产线；本季有 1 条生产线上的产品可完工入库：第 1 条手工线，完工入库后，库存 P1 产品为 1 个。

8) 新建/在建/转产/变卖生产线

按年初规划会议决议，本季度投资新建 1 条半自动生产线，支付建设费用 5M，从现金中扣除，同时增加在建工程 5M。

9) 紧急采购(随时进行)

本季不需要进行紧急采购。

10) 开始下一批生产

本季 1 条完工入库的生产线上继续上线生产 P1，同时支付加工费 1M，从现金中扣除。

11) 更新应收款/应收款收现

原有一期账期上的 15M 应收款在本季收现，现金增加 15M。原有二期账期的 37M 应收款更新为一期应收款。

12) 按订单交货

本季无订单交货。

13) 缴纳违约罚款

本季无需要交货的订单，不需要缴纳违约罚款。

14) 厂房出售/租用厂房

本季不出售厂房，也不需要缴纳厂房租金。

15) 产品研发投资/生产资格换证

按计划继续研发 P2，支付研发费用 1M，从现金中扣除。

16) 支付管理费

支付本季管理费 1M，从现金中扣除。

17) 出售库存(随时进行)

本季不出售库存。

18) 应收账款贴现(随时进行)

本季不进行应收款贴现。

19) 厂房出售(随时进行)

本季不进行厂房出售。

20) 本季收入合计

本季收入合计 15M，由应收款收现形成。

21) 本季支出合计

本季支出合计 8M，包括生产线建设投资支出 5M、加工费支出 1M、产品研发费支出 1M、管理费支出 1M，记为-8M。

22) 季末对账

本季季末现金：15+15-8=22(M)。

4. 第四季度运营

1) 季初盘点

本季度季初盘点现金 22M。

2) 更新短期贷款/短期贷款还本付息

本季无短期贷款更新，也无到期短期贷款的还本付息。

3) 申请短期贷款

根据表 4-9 全年现金计划，本季不申请短期贷款。

4) 原材料入库/更新原材料订单

本季 1 个 R1 原材料入库，支付原材料费用 1M，从现金中扣除；本季无原材料订单更新。

5) 下原材料订单

根据表 4-8 原材料订购计划，本季订购 2 个 R1 原材料、2 个 R2 原材料。

6) 购买厂房

按年初规划会议决议，本季不购买厂房。

7) 更新生产/完工入库

本季需要更新两条生产线：第一条手工线、第二条手工线；本季有两条生产线上的产品可完工入库：第三条手工线和半自动线，完工入库后，库存 P1 产品增加到 3 个。

8) 新建/在建/转产/变卖生产线

本季继续投资建设半自动生产线，支付建设费用 5M，从现金中扣除，新增在建工程 5M，在建工程总值为 10M。

9) 紧急采购(随时进行)

本季不需要进行紧急采购。

10) 开始下一批生产

本季两条可完工入库的生产线继续上线生产 P1，同时支付加工费 2M，从现金中扣除。

11) 更新应收款/应收款收现

原有一期账期上的 37M 应收款收现，企业现金增加 37M。

12) 按订单交货

本季无订单交货。

13) 缴纳违约罚款

本季无需要交货的订单，不需要缴纳违约罚款。

14) 厂房出售/租用厂房

本季不出售厂房，也不需要缴纳厂房租金。

15) 产品研发投资/生产资格换证

按计划继续研发 P2，支付研发费用 1M，从现金中扣除。P2 研发费用全部到位，可换取生产资格证书。当系统推进到下一步时，P2 生产资格证书会在盘面显示。

16) 支付管理费

支付本季管理费 1M，从现金中扣除。

17) 出售库存(随时进行)

本季不出售库存。

18) 应收账款贴现(随时进行)

本季不进行应收账款贴现。

19) 厂房出售(随时进行)

本季不进行厂房出售。

20) 本季收入合计

本季收入合计 37M，由应收款收现形成。

21) 本季支出合计

本季支出合计 10M，包括生产线建设投资支出 5M、原材料购买支出 1M、加工费支出 2M、产品研发费支出 1M、管理费支出 1M，记为-10M。

22) 季末对账

本季季末现金：22+37-10=49(M)。

4.2.3 年末运营项目

年末运营项目共 5 项：新市场开拓/市场准入换证、ISO 认证投资/ISO 资格换证、支付设备维护费、计提折旧和年终结账。

1. 新市场开拓/市场准入换证

完成第四季度产品研发并推进到下一步时，系统进入市场开拓流程，如图 4.40 所示。单击图中红框位置，可进行市场开拓操作，如图 4.41 所示。在计划开拓的市场左侧打"√"并予以确认，即可完成该流程的业务操作。

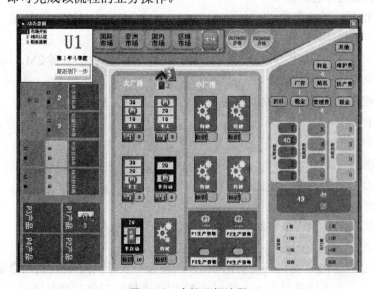

图 4.40　市场开拓流程

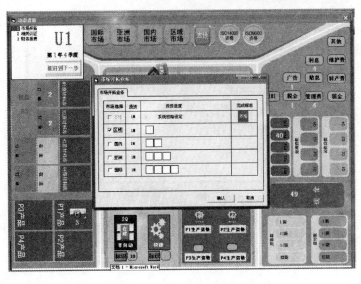

图 4.41 市场开拓业务功能

预演练年企业计划开拓区域市场,支付市场开拓费 1M,从现金中扣除。区域市场总开拓费 1M,资金全部到位,可换取区域市场准入证书。本流程向前推进一步后,系统盘面上即显示该证书,如图 4.42 所示。

2. ISO 认证投资/ISO 资格换证

完成新市场开拓流程并推进到下一步后,系统进入 ISO 认证投资流程,如图 4.42 所示。单击位于 ISO 资格认证处红框中的任何一点,可进入 ISO 资格认证投资功能。在计划投资的 ISO 认证类别的左侧打"√"并予以确认,即可完成该流程的业务操作,如图 4.43 所示。

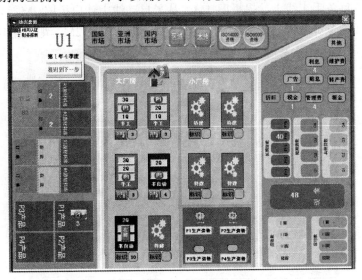

图 4.42 ISO 资格认证流程

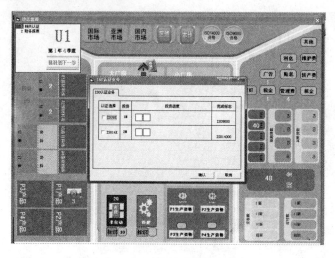

图 4.43　ISO 资格认证业务功能

预演练年计划不投资 ISO 资格认证。

3. 支付设备维护费

本流程由系统自动进行。完成 ISO 认证投资并推进到下一步后,系统自动扣除当年设备维护费。预演练年年末有 4 条已建成生产线,需支付维护费 4M,从现金中扣除,如图 4.44 所示,图右上方维护费用显示为 4M,现金相应减少 4M。

4. 计提折旧

该流程由系统于支付设备维护费同时自动进行。按折旧规则企业已建成的 4 条生产线本年度应分别从每条手工线上计提折旧 1M,从半自动线上计提折旧 2M,共计 5M。折旧后,每条手工线的资产净值为 2M,半自动线的资产净值也是 2M,如图 4.44 所示。

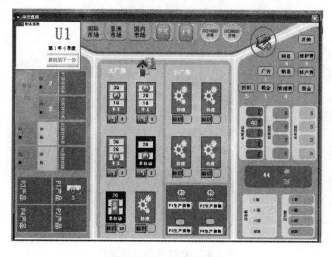

图 4.44　年末结账盘面

5. 年终结账

系统自动扣除当年的设备维护费和折旧后,全部流程进行完毕,可以结账填报各种财务报表。

企业必须完成的财务报表有 3 张:综合管理费用明细表、利润表和资产负债表。

根据预演练年各项业务的实际情况填写表 4-10、表 4-11、表 4-12。

特别提示

填写电子报表时,务必按顺序填写综合管理费用明细表、利润表和资产负债表。

表 4-10 预演练年综合管理费用明细表

项　　目	金　额/M	备　　注
管理费		
广告费		
维护费		
租金		
转产费		
市场准入开拓费		□本地　□区域　□国内　□亚洲　□国际
ISO 资格认证费		□ISO 9000　　□ISO 14000
产品研发费		P1(　　) P2(　　) P3(　　) P4(　　)
其他费用		
合计		

表 4-11 预演练年利润表

项　　目	符　　号	上年数/M	本年数/M
销售收入	+	34	
直接成本	−	12	
毛利	=	22	
综合费用	−	9	
折旧前利润	=	13	
折旧	−	5	
支付利息前利润	=	8	
财务支出(+)/收入(−)		4	
其他收入(+)/支出(−)		0	
税前利润	=	4	
所得税	−	1	
净利润	=	3	

表 4-12 预演练年资产负债表

资产	期初数/M	期末数/M	负债和所有者权益	期初数/M	期末数/M
流动资产			负债		
现金	30		长期负债	40	
应收款	15		短期负债	0	
在制品	8		应付账款	1	
成品	6		应付税金	0	
原材料	3		负债合计	41	
流动资产合计	62				
固定资产			所有者权益		
土地与建筑	40		股东资本	60	
机器与设备	13		利润留存	11	
在建工程	0		年度净利	3	
固定资产合计	53		所有者权益	74	
总资产	115		负债和所有者权益总计	115	

本 章 小 结

本章主要介绍了 ERP 沙盘模拟起始状态和新一届管理层为熟悉企业运营流程而进行了预演练。ERP 沙盘模拟起始状态介绍了新一届管理层接手时企业的基本情况、财务状况和经营成果；新一届管理层的预演练中介绍了 ERP 沙盘模拟全年流程的电子沙盘操作方法。

第 5 章 ERP 沙盘模拟策略

教学要点

通过本章的学习，要求掌握 ERP 沙盘模拟中的企业战略分析方法，了解各种类型企业战略的特点和应用；掌握目标市场营销战略、广告策略，了解产品组合策略、产品生命周期营销策略；了解财务报表，掌握财务报表填列的方法，熟悉财务分析方法；熟悉生产线建设策略、厂房策略、产品研发策略、ISO 认证策略；掌握制订生产计划、原材料采购计划的方法。

知识架构

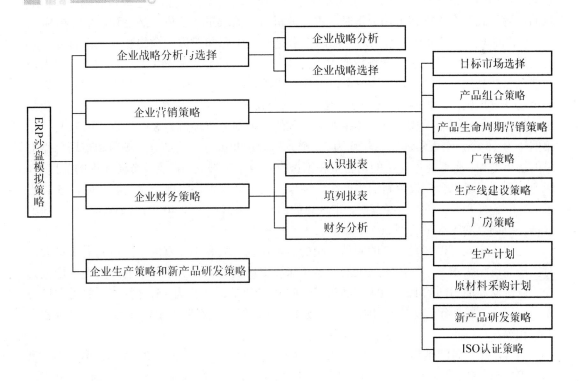

5.1 企业战略分析与选择

企业经营战略是决定企业经营活动成败的关键性因素。在ERP沙盘模拟中，一个公司要在与其他模拟公司的竞争中取得良好的经营业绩，实现长期稳定发展，关键在于制定科学合理、切实可行的企业战略。

5.1.1 企业战略分析

ERP沙盘模拟中的企业处在一个开放的环境中，企业与外部环境要素之间、企业内部各个部门之间都发生着物质和信息的交换，企业活动既受外部环境影响，又受内部条件影响。因此，制定和选择企业战略之前，必须对企业的外部环境和内部条件进行分析。

1. 企业外部环境分析

企业外部环境是一个复杂的大系统，既包括企业的产业环境，又包括企业的宏观环境。ERP沙盘模拟中外部环境要素在现实的基础上进行了很大程度的简化，对企业战略影响最大的是市场环境和竞争对手状况，也是ERP沙盘模拟战略分析的重点。

1) 市场分析

ERP沙盘模拟中提供了9年的市场预测数据，包括对本地市场、区域市场、国内市场、亚洲市场和国际市场五个市场不同产品的需求量和市场均价的预测，它是企业制定经营战略的市场基础。企业进行市场分析时，重点分析市场需求量、单位产品毛利水平等指标。

(1) 市场需求量分析。市场对产品的需求是企业生存和发展的前提和基础。首先，总的市场需求量决定了企业生产规模的大小，企业根据市场需求量来扩张企业的生产能力，才能确保产品的顺利销售，回笼资金，实现企业盈利。根据ERP沙盘模拟的起始状态设置和市场开发规则，企业最初只有本地P1一个细分市场。随着市场开拓计划的实施，企业能进入的细分市场逐年增加。第二年企业能进入的最大细分市场数为8个，第三年为12个，第四年为16个，第五年和第六年均为20个。随着企业可进入的细分市场数和市场总需求量的逐年增加，企业能够实现的销售量和销售收入也不断增大。在企业资源允许的前提下，应充分利用市场机会，投资新的生产线，逐步扩大生产规模，实现企业发展。如表5-1所示，当市场有8家公司竞争经营时，市场总的需求量从第一年的40个产品逐步增长，到第六年，市场总的需求量达到266个，增长了5倍多。

其次，企业可以开发生产的四种产品的需求量也有大有小。有的产品市场需求量大，有些产品市场需求量小。需求量大的产品意味着市场机会多，需求量小的产品则市场机会少。以研发周期相同的P3和P4产品为例，P3第二年的需求量为15，同期P4的需求量为零；第三年、第四年、第五年P4需求量逐年增加，但一直都低于P3，直到第六年两者才大致相等。

再有，随着时间推移，同一产品的市场需求量也会发生变化。以P4为例，第一年、第二年P4产品的市场需求量均为0，从第三年开始，市场需求量逐年增加，分别为14个、

28 个、46 个和 64 个。如果企业生产规模扩张较快,生产的产品品种较多,应该根据不同年份各产品市场需求量的变化调整产品结构,以保证产品的顺利销售。

表 5-1 8 家企业市场需求量

市场	第一年				第二年				第三年			
	P1	P2	P3	P4	P1	P2	P3	P4	P1	P2	P3	P4
本地	40				21	13	8	0	22	20	10	0
区域					13	11	7	0	9	14	8	7
国内									15	10	8	7
亚洲												
国际												
小计	40	0	0	0	34	24	15	0	46	44	26	14

市场	第四年				第五年				第六年			
	P1	P2	P3	P4	P1	P2	P3	P4	P1	P2	P3	P4
本地	16	24	11	8	15	22	12	14	8	20	19	17
区域	9	20	9	7	7	14	10	7	6	14	10	13
国内	18	15	9	7	13	15	15	7	12	13	11	13
亚洲	19	17	11	6	16	14	13	8	11	16	15	11
国际					18	15	9	10	23	14	11	9
小计	62	76	40	28	69	80	59	46	60	77	66	63

(2) 单位产品毛利水平分析。在 ERP 沙盘模拟中,单位产品毛利是指产品的价格与其直接生产成本之差。毛利水平的高低决定单位产品盈利能力,当企业生产规模一定时,选择毛利水平高的产品,可以实现企业利润最大化。

不同产品的毛利水平是不同的。通过分析附录 1 中市场预测资料可知,P1、P2、P3、P4 四种产品的平均毛利水平以 P1 最低且有逐年下降的趋势(国际市场第五年和第六年除外),P3、P4 在经营期限内毛利水平相对稳定,P2 的毛利水平在第三年到第四年达到最高后开始下滑。

总之,企业制定经营战略时,既要考虑产品的市场需求量,也要考虑其毛利水平;既要考虑产品当前的市场需求量和毛利水平,也要考虑其变化趋势。

2) 竞争对手分析

ERP 沙盘模拟企业是在与其他企业的竞争对抗中进行经营的,竞争对手的生产能力、市场开拓状况、产品研发状况、产品库存量、财务状况以及营销策略等都影响本企业的战略选择。因此,在每个经营年度的年初进行市场信息收集时,各模拟公司要全面收集竞争对手的经营信息,尤其是主要竞争对手经营信息,据此分析竞争对手的优势与劣势,寻找企业发展的机会,回避企业发展的风险。

竞争对手分析重点包括以下内容。

(1) 竞争对手的市场开拓状况,包括已经开发完成的市场、正在开发的市场及其开发程度。

(2) 竞争对手的产品研发状况，包括已经获得生产资格的产品、正在研发中的产品及研发程度，结合竞争对手的市场开拓状况，可分析它们与本企业的细分市场重合度。

(3) 竞争对手的生产能力，包括已建成的生产线及其类型、正在建设的生产线及其类型，以此推算其市场供给量。

(4) 竞争对手的产品库存量，包括库存产品的数量和种类，与竞争对手的生产能力结合分析，可估算出各产品的市场供应量，再与市场需求量进行对比，可分析市场的供求关系，并据此确定企业战略的实施方案。

(5) 竞争对手财务状况，包括企业所有者权益、企业贷款总额及贷款类型、企业现金余额、应收款余额及到账期等。通过分析竞争对手的财务状况，可以估算其战略扩张能力并推断其战略选择的类型。

(6) 竞争对手市场营销策略，包括竞争对手细分市场选择、广告投入金额等，通过分析竞争对手市场营销策略，可为企业制定营销战略提供依据。

2. 企业内部条件分析

企业内部条件是企业经营的基础，是制定战略的出发点、依据和条件，是竞争取胜的根本。对企业的内部条件进行分析，目的在于掌握企业目前的状况，明确企业所具有的长处和弱点，以便使确定的战略能够实现，并使选定的战略能发挥企业的优势，有效地利用企业的资源。ERP沙盘模拟中应重点分析以下企业内部条件。

1) 财务状况

资金是企业的血液，是一切企业活动的必备条件。对模拟企业自身的财务状况进行分析主要包括以下内容。

(1) 自有资金是否能满足企业经营的需要？

(2) 企业贷款余额及其结构是否合理？

(3) 企业有无筹措资金的能力？有哪些筹资方式？成本如何？

(4) 企业的利润主要来源于哪些产品和细分市场？

(5) 企业可通过哪些方式提高收益？

(6) 企业哪些方面可以降低成本和费用？

2) 生产能力

企业生产能力分析主要包括以下内容。

(1) 企业目前拥有哪些生产线？年生产能力是否与市场需求相匹配？

(2) 企业产品的市场占有率有多高？

(3) 各种不同的产品在销售、生产等方面有多大的协同性？

(4) 企业有没有新建生产线的必要？

(5) 企业是否具备新建生产线的能力？

3) 产品研发状况

企业产品研发状况分析主要包括以下内容。

(1) 企业已经拥有哪些产品的生产资格？还需要研发哪些产品？

(2) 企业是否具有研发新产品的能力？

4) 市场营销能力

企业市场营销能力分析主要包括以下内容。

(1) 企业已经开拓了哪些市场？正在开拓的市场有哪些？
(2) 企业拥有准入资格的市场能否满足企业产品销售的需要？
(3) 企业是否需要进一步开发新的市场？
(4) 企业是否具备进一步开发新市场的能力？
(5) 企业营销人员的销售能力如何？
(6) 企业广告投入产出比是否合理？
(7) 企业的信息收集和信息分析能力如何？

5) 管理人员的素质

企业管理人员素质分析主要包括以下内容。

(1) 本企业 CEO 的管理风格是什么？是否有利于企业竞争？
(2) 企业管理人员分工是否合理？
(3) 企业管理人员是否具备完成本职工作的能力？
(4) 企业管理人员工作态度是否积极认真？

6) 过去的目标和战略

(1) 企业过去的主要经营目标是否达到？
(2) 企业目标制定是否合理？
(3) 企业已采用了什么战略？是否取得成功？原因何在？

5.1.2 企业战略选择

1. 企业总体战略选择

可供选择的企业总体战略有三种：成长型战略、稳定型战略和收缩型战略。ERP 沙盘模拟中第一年的经营中，企业财力资源充足，且市场需求量在未来的几年中将有大的增长，绝大部分的企业都会选择成长型战略，在市场开拓、产品研发以及生产线的建设上均会投入一定的资金，力求在市场、产品和生产规模上得到扩张。当企业经营进入第三年时，各模拟企业内部条件将出现较大的差异，在战略的选择上也会发生分化，可以分别选择成长型战略、稳定型战略和收缩型战略。

1) 成长型战略

各模拟企业经营初期由于产品研发、市场开拓、ISO 资格认证等投资扩张将引起成本的增加，而产品和市场的单一又使企业盈利能力不足，导致所有者权益不同程度地下降。如果企业在前两年的经营中能够以合理的广告投放获取较为理想的产品订单，同时又较好地控制了企业的其他成本费用，使所有者权益保持在较高的水平上，企业就拥有较强的融资能力，为扩张做好了财力上的准备。同时，由于企业前两年在市场开拓和产品研发上的投资，让企业拥有了多种产品的生产资格和多个市场的准入资格，到第三年初企业最多可以进入的市场有三个，细分市场最大数目可达到 12 个。这样，无论是企业内部资源还是外部市场需求都为企业的持续成长提供了相应的支撑，企业可选择成长型战略。

图 5.1 是某模拟企业 A 第三年初的基本盘面。该企业第一年新建了一条柔性线和一条全自动线，第二年没有进行生产规模扩张。经过前两年的发展，到第二年末所有者权益为 59M，所有者权益虽然有一定的下降，但下降幅度不大。第三年投放 9M 广告费后，获得 84M 订单，此时，企业拥有现金 66M，应收款 15M，年内还可以再增加贷款 20M，企业在第三年有比较充足的财力资源继续扩大生产规模。与此同时，通过对市场需求和竞争对手信息的分析，第四年企业有可能获得超过 14 个产品的订单。因此，该模拟企业决定在第三年继续扩大生产规模，租用小厂房新建两条全自动生产线，其中一条用于生产 P2，另一条用于生产 P3。

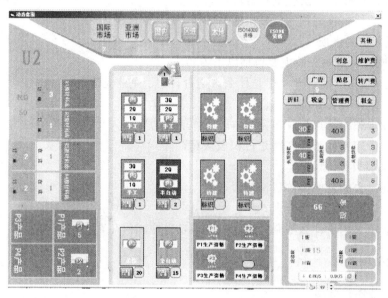

图 5.1　企业 A 第三年初基本盘面

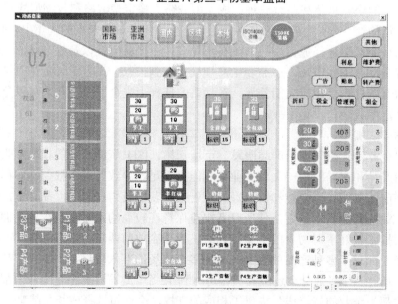

图 5.2　企业 A 第四年初基本盘面

第 5 章 ERP 沙盘模拟策略

图 5.2 是该企业第四年初的基本盘面。第四年的生产规模扩大到年产 20 个产品，加上第三年末库存产品 6 个，全年可销售产品为 26 个，当年企业投放 10M 广告费。由于企业未开发亚洲市场，再加上广告投放力度不够，未能获得理想订单，年销售额只有 112M，销售产品 14 个，当年年末库存量增加到 12 个。然而，企业在第四年末国际市场开发完毕，且同时能完成国际市场开发的企业只有两家，企业第五年可入的细分市场数达到 12 个，只要广告投放合理，企业仍可能获得较多的市场订单，而且企业第三年末的所有者权益可达到 71M，第四年可以获得的银行贷款额度继续增加，企业具备继续扩张规模的资金。通过对内外条件的分析，该企业决策层决定第四年内继续扩建一条全自动生产线用于 P3 产品的生产。

图 5.3 是该企业第五年初的基本盘面。第五年企业生产规模扩大到 25 个产品，加上第四年末库存产品 12 个，全年可销售产品 37 个。企业投放 16M 广告费，获得 227M 销售额，共销售产品 28 个，年末库存产品下降到 9 个，当年实现净利润 52M，所有者权益增加到 129M，企业融资能力进一步增强，有足够的资金进行规模扩张，且 P3 市场需求量增长较快，利润空间也在上升，其他企业 P3 的产量不大。因此，企业决定在当年再扩建一条全自动生产线生产 P3，并出售一条手工线，改造为全自动 P1 生产线，主要销往国际市场。

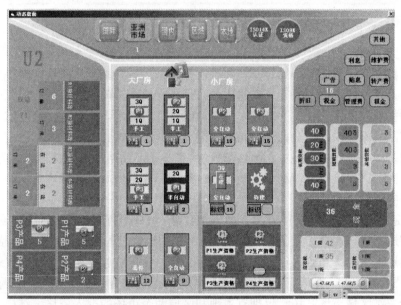

图 5.3　企业 A 第五年初基本盘面

图 5.4 是该企业第六年初的基本盘面。第六年企业生产规模进一步扩大到 30 个产品，加上第五年末库存产品 9 个，企业可销售产品为 39 个。企业投放广告 24M，获得 276M 销售订单，实际销售产品 33 个，当年实现净利润 55M，年末所有者权益为 184M。

总体上来说，企业 A 在六年的经营过程中对市场的分析、对竞争对手的判断都比较准确，对企业规模的扩张速度也控制得较为合理。但其中仍有一些可以改进的地方，如企业在后几年没有很好地运用短期贷款以减少企业的财务成本费用；没有及早地开拓亚洲市场，后期也没有根据市场需求及企业资源进行 P4 产品的研发，直接导致后几年销售任务完成不太理想，每年年末的产品库存量都较大，不能实现企业利润的最大化。

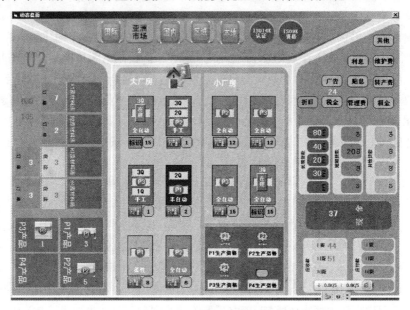

图 5.4　企业 A 第六年初基本盘面

2) 稳定型战略

有些模拟企业经过前两年的经营，在产品研发、市场开拓及生产线建设等方面都做了一定的投资，生产能力得到提升，可进入的市场也在增加。但企业前两年经营业绩不太理想，连续亏损导致所有者权益下降较多，企业融资能力随之下降，虽然市场需求量的增长导致某些产品供不应求，但企业没有足够的财力资源进行扩张，只能采用稳定型战略，在原有规模的基础上进行生产。这时企业经营的关键在于产品结构的调整和成本费用的控制，若将企业有限的产能集中在盈利水平较高的产品上，并且做好各项成本费用的控制工作，也能有较好的盈利。

图 5.5 是企业 B 第三年初的基本盘面。企业第一年新建了一条全自动生产线生产 P2，第二年没有进行生产规模扩张。由于企业在前两年的经营过程中销售不畅，产品大量积压，所有者权益迅速下降，到第二年末，企业现金 35M，无应收款，所有者权益仅剩下 32M，累计贷款总额为 100M，在第三年的经营中不能再向银行融资，资金十分紧张，再加上企业前两年只投资了区域市场开拓，仅拥有本地和区域两个市场的准入资格。这样，无论是从市场销售角度还是从企业内部财力资源的角度都不具备继续扩张的能力。因此，从第三年起，企业经营者决定采用稳定型战略，保持现有生产规模，调整产品结构，降低各项成本费用，实现企业盈利。当年投放广告 9M，实现销售额 63M，销售产品 12 个，其中 8 个 P1，4 个 P2，企业库存从上年末的 12 个下降为 9 个，库存压力仍然较大。

图 5.6 是企业第四年初的基本盘面。企业年生产能力为 10 个产品，加上库存产品 9 个，当年的销售压力仍然较大。企业调整广告策略，投放 12M 广告，在本地、区域的 P1 和 P2 市场上取得较好的竞争排名，获得较为理想的订单，实现销售额 96M，年末库存进一步下降，只剩余 4 个产品，尤其是 P2 产品销售量较大，并且盈利能力强。因此，企业在稳定生

产规模的同时，决定将生产集中到 P2 产品上，退出销售价格逐步下滑的 P1 产品的生产，同时加快国内市场的开发。

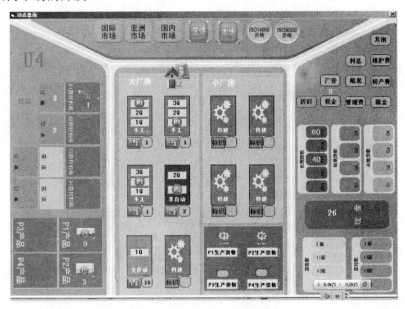

图 5.5 企业 B 第三年初基本盘面

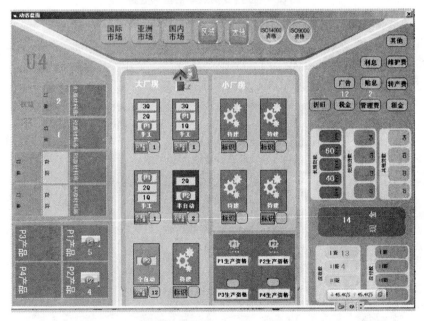

图 5.6 企业 B 第四年初基本盘面

图 5.7 是企业第五年初的基本盘面，由于第四年广告策略较为科学合理，企业取得较好的盈利，实现净利润 24M，到第四年末所有者权益上升为 56M。企业第五年保持 10 个产品的生产能力，加上第四年末的库存产品 4 个，当年可销售产品 14 个，企业投放广告 8M，其中 7M 投放在 P2 产品上，在本地、区域 P2 市场上取得好的竞争排名，获得 8 个

105

P2 订单；同时投放 1M 广告在本地 P1 市场，获得 3 个 P1 产品订单，企业 P1 产品库存全部销售完毕。到第五年年末，企业只剩下 3 个 P2 库存。第五年企业年度净利润 6M，年末所有者权益 62M。

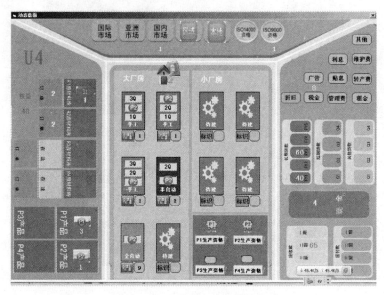

图 5.7　企业 B 第五年初基本盘面

图 5.8 是企业 B 第六年初的基本盘面，第六年该企业仍旧保持 10 个产品的生产能力，加上第五年末 3 个 P2 库存，本年度可销售产品 13 个，全部为 P2 产品，企业在本地、区域、国内的 P2 市场共投放广告 10M，获得 11 个产品订单，全年实现净利润 8M，第六年末所有者权益达到 70M，如图 5.9 所示。

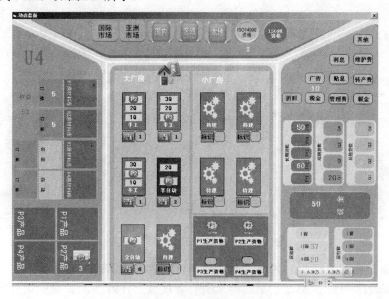

图 5.8　企业 B 第六年初基本盘面

第5章 ERP沙盘模拟策略

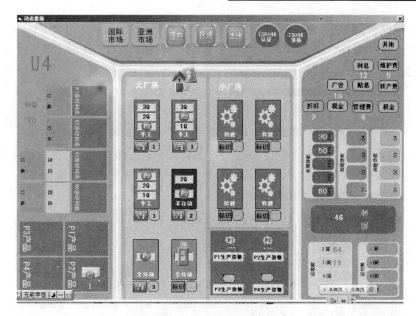

图5.9 企业B第六年末基本盘面

企业B在前两年经营状况不佳,所有者权益大幅下降,资金短缺的不利条件下,采用稳定型战略,保持企业生产规模不变,采取积极的营销策略,大力消化企业库存,并将企业有限的生产能力集中到高盈利的P2产品,扭转了企业亏损局面,实现了企业所有者权益的稳定增长。

3) 收缩型战略

采用这一战略的企业通常是在前两年的经营中进行了快速的扩张,生产能力大大提升,远远超过市场需求的增长速度,造成大量产品积压,资金难以回笼。与此同时,企业的广告投放策略不力,订单数量少,亏损较大,所有者权益大幅下降,企业融资能力亦大大下降。到第三年前后,资金短缺严重,甚至不足以支持日常的经营活动,企业被迫清理掉一部分生产线,缩减生产规模。

图5.10是企业C第三年初的基本盘面。该企业在前两年的经营过程中,第一年新建了一条柔性生产线,改造了一条手工线为全自动P2生产线,第二年又新建了一条柔性生产线,第三年的生产能力达到16个产品。与此同时,企业在前两年的经营过程中销售不畅,亏损较大,所有者权益大幅下滑,到第二年末所有者权益只有33M。第三年初现金资产30M,应收款7M,年内不能再向银行融资,资金短缺严重。面对这种情况,企业决策者决定采用收缩型战略,出售两条生产效率低的手工生产线和一条半自动生产线,降低企业生产能力,将资源集中于三条高效率的生产线上。

图5.11是该企业第四年初的基本盘面。在出售了三条低效率生产线之后,企业第四年生产能力12个产品,比上一年减少4个,加上第三年末库存产品11个,年内可销售产品为23个,销售压力较大。因此,调整销售策略,提高广告投入产出比是企业当务之急。第四年企业投放广告10M,在深入分析市场需求和竞争对手策略及市场供给量的情况下,加

强广告投放精准率的管理，在广告投放额增长不大的情况下，获得 21 个产品的销售订单。到第四年末，企业库存产品下降到 2 个，当年实现净利润 42M，所有者权益上升到 63M，参见图 5.12。

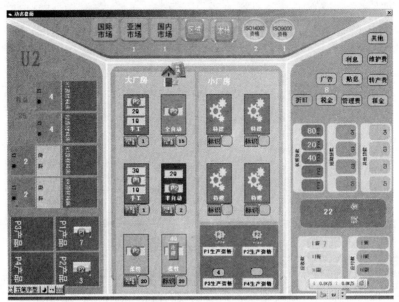

图 5.10　企业 C 第三年初基本盘面

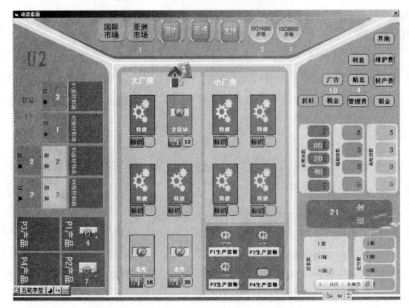

图 5.11　企业 C 第四年初基本盘面

第5章 ERP 沙盘模拟策略

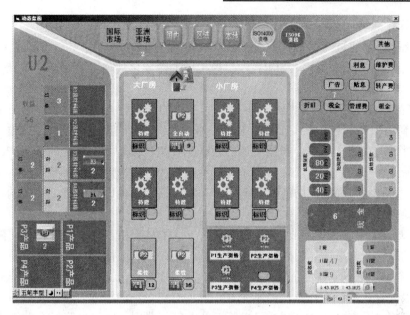

图 5.12　企业 C 第五年初基本盘面

企业 C 在生产规模扩张速度过快,内部财力资源和市场需求均不足的情况下,及时采用收缩战略,适度降低企业的生产规模,并采用积极的营销策略,加大销售力度,消化过大的产品库存,从而实现了企业的扭亏为盈。

2．企业经营战略选择

企业经营战略是企业竞争地位的基础,企业常用的经营战略主要有三种:成本领先战略、差异化战略和集中化战略。这三种企业经营战略都可运用在 ERP 沙盘模拟中。

1) 成本领先战略

要使企业获得成本领先,就必须使企业的单位产品成本低于其他竞争对手。ERP 沙盘模拟的直接生产成本各企业均一样,因此,企业若采用成本领先战略,需要从控制与降低间接成本费用上着手。企业主要的间接成本费用有广告费、财务费用、产品研发费、市场开拓费、ISO 资格认证费、管理费、维修费、设备折旧等,企业可以通过以下策略来获得成本领先。

(1) 通过适度的产能扩张、合理的产品组合、恰当的细分市场选择来尽可能地提高企业广告投入产出比,降低单位产品的广告成本。

(2) 选择合理的资金筹措方式,既满足企业战略发展的资金需要,又尽可能地降低企业的财务成本费用,在生产销售规模不变的情况,使单位产品的财务费用最小化。

(3) 抓住市场发展机遇,充分利用企业资源,适度扩张企业生产规模,降低单位产品的管理费、研发费、ISO 资格认证费等费用的分摊。

(4) 改造生产效率较低的生产线,投资建设高效率生产线,降低单位产品厂房费用、维修费用等方面的成本。

2) 差异化战略

差异化战略是通过与竞争对手在产品或服务等方面形成差异,避免与其发生直接竞争,从而降低企业经营成本与风险。ERP 沙盘模拟中的差异化战略可分为产品差异化战略和市场差异化战略两类。

(1) 产品差异化战略。该战略是在生产和销售的产品种类上与竞争对手形成差异。企业可以选择生产 P1、P2、P3、P4 其中的一种产品或它们的某个组合,通过收集市场信息估计竞争对手现有的产品组合和拟增加的新产品种类,假若发现其中的某类产品竞争强度很大,而另外一些产品则出现空白或市场供给量很少,而企业正好具备生产这类产品的能力。这时,避开竞争强度大的产品转向生产市场空白产品,既可以降低企业的销售费用,又可以降低企业的销售风险。

(2) 市场差异化战略。该战略是选择进入与竞争对手相差异的细分市场。随着经营时间的推移,只要企业市场开拓的速度足够及时,企业可以选择进入的细分市场由 1 个最多可增至 20 个。但并不是每个企业都会同时开发所有的细分市场,如果市场信息分析中发现某个市场极少有竞争对手开发,而本企业正好拥有该市场的准入资格,选择进入该市场避免与其他竞争对手直接冲突,同样可以降低企业销售费用,同时也降低企业销售风险。

3) 集中化战略

集中化战略适合生产规模较小的企业,也可分为产品集中化战略和市场集中化战略两种。产品集中化战略的应用范围较广,企业将有限的生产线集中生产某种产品,既可降低生产成本,同时也可以降低销售成本。市场集中化战略一般在有市场老大的情形下运用最多,将产品集中于拥有老大资格的市场中销售,一是可以降低销售费用;二是可以降低销售风险;三是可以维持在该市场的老大地位。

5.2 企业营销策略

市场营销管理是 ERP 沙盘模拟中的重要环节。信息总监和销售总监通过收集和分析各类市场信息,制定本企业的营销策略,充分合理利用企业的营销资源,实现尽可能多的销售收入和企业利润,保证企业战略目标的实现。

5.2.1 目标市场选择

ERP 沙盘模拟按产品和市场两个指标可细分为 20 个子市场,如第 2 章所述,企业在进行目标市场选择时可以有五种目标市场覆盖模式:产品—市场集中化模式、市场集中化模式、产品集中化模式、选择性专业化模式和全面覆盖模式。各模拟企业可以根据自己的实际情况选择合适的目标市场覆盖模式。

1. 产品—市场集中化模式

这一目标市场覆盖模式通常在模拟企业运行的第一年运用。模拟企业新一届管理层接手时,企业只拥有本地市场准入资格,只获得 P1 产品的生产资格。因此,企业的目标市场只有唯一一个本地 P1 市场。从第二年开始，随着市场的开拓和新产品研发工作的进行，企业目标市场的选择模式也将发现变化。

2. 市场集中化模式

随着生产规模的扩大，模拟企业的产品需要在若干个细分市场上进行分销。选择市场集中化模式的企业是将企业生产的两种或两种以上的产品销售在同一市场里。采用这种目标市场覆盖模式的情形有以下两种。

第一种情形是当市场运营规则中规定上年度某市场的老大下一个经营年度拥有该市场优先选单权时，某模拟企业如获得某市场的老大资格，下一个经营年度其目标市场将集中在该市场，这样就可以用较少的广告投放获得尽可能多的市场订单，降低企业的销售成本。

第二种情形是某模拟企业在分析竞争对手市场开拓状况时，发现某个本企业开发完毕的市场其他竞争对手没有完成开发，或只有很少的企业完成了该市场的开发。这时，企业将目标市场集中于该市场，只需要投放较少的广告费，就能获得较多的订单，提高企业广告投入产出比，通过降低广告成本增加企业利润。

3. 产品集中化模式

选择产品集中化模式的企业在 P1、P2、P3、P4 四种产品进行选择，集中生产其中一种产品。由于生产品种单一，为了确保产品的顺利销售，企业需要在多个市场同一产品的细分市场上投放广告。企业通常在下列两种情形下使用这一目标市场覆盖模式。

第一种情形是企业将长期发展目标确定为行业内某一产品的生产供应商，只为市场提供单一产品，做好单一产品的开发、生产和服务。虽然单一产品发展目标会限制企业发展的总体规模，很难使企业取得行业中龙头老大的地位。但单一产品可以使企业在研发、广告投放等方面获得成本上的节约，也能使企业获得较为满意的利润。

第二种情形是企业在最初两年的发展中没有取得较好的经营业绩，企业资源尤其是财力资源不足以支撑企业大规模扩张。在生产规模不能持续扩张的情况下，企业将有限的生产能力集中到某一种产品的生产上，有利于广告费用的节约和订单争取，以实现较好的利润增长。

选择产品集中化模式的企业必须在市场开拓上做较多的投资，使企业拥有多个市场的准入资格，这样才能保证企业生产规模适度扩张的情况下产品的顺利销售。

4. 选择性专业化模式

ERP 沙盘模拟中使用选择性专业化目标市场覆盖模式的企业通常在企业发展的最初几年里在产品研发和市场开拓方面做了较大的投资，企业拥有多种产品的生产资格和多个市场的准许资格，并且生产线有较大的柔性，可以灵活地调整生产的品种和数量。在这种条件下，企业可以根据不同产品和不同市场上竞争强度及盈利能力，灵活地进行目标市场的组合，使企业进入的目标市场竞争强度小，单位产品的盈利能力强。这样，企业在特定生产能力下，用较小的广告投放，获得足够数量的订单，实现利润最大化。

5. 全面覆盖模式

选择全面覆盖模式的企业通常是行业的龙头企业。这类企业生产规模大，经济实力强，有全面覆盖的能力，也有全面覆盖的需求。ERP 沙盘模拟中某些企业在前几年的发展中取得好的经营业绩，所有者权益快速上升，企业融资规模增大，有足够的资金进行生产线建设、市场开拓、ISO 资格认证等方面的投资，企业生产能力不断增长，能进入的市场也随着经营时间的推进而逐渐增加。例如，有些企业第五年年初就拥有 8～10 条高效率生产线(全自动生产线或柔性生产线)，全年生产能力达到 30 个或以上。企业要想获得足够的订单，顺利销售当年生产的产品，只能采用全面覆盖模式，在多个市场上销售能够获利的所有产品。

当然，全面覆盖模式不是指模拟企业要在 20 个细分市场全部投放广告，但其广告投放的细分市场至少占到全部细分市场的 70%以上，企业生产 P1、P2、P3、P4 各类产品，同时在本地市场、区域市场、国内市场、亚洲市场和国际市场上都有投放广告并获得订单。

5.2.2 产品组合策略

产品组合策略通常有三种：扩大产品组合、缩减产品组合和产品线现代化。这三种产品组合策略都可以运用在 ERP 沙盘模拟中。

1. 扩大产品组合

扩大产品组合策略包括开拓产品组合宽度和加强产品组合深度两个方面，在 ERP 沙盘模拟中扩大产品组合主要是前者。这是因为 ERP 沙盘模拟中的产品结构较为简单，四条产品线 P1、P2、P3、P4 都只有一个产品项目，不能通过增加产品组合的深度来扩大产品组合。

ERP 沙盘模拟中企业最早期拥有 P1 生产资格，但单一产品的市场容量有限，如果不扩大企业产品组合，增加可选择的细分市场，企业产品的销售就会遇到较大困难，出现产能过剩、库存增加、现金不能及时回笼、所有者权益下降等一系列问题。因此，企业应该综合分析市场需求量、产品盈利性以及竞争强度等因素，制定本企业产品组合扩大策略。

2. 缩减产品组合

企业运用缩减产品组合策略，就是剔除原来产品组合中获利小的产品线或产品项目，集中资源生产那些获利多的产品线或产品项目。ERP 沙盘模拟中，P1 是企业最初主要生产和销售的产品。但随着 P2、P3、P4 产品的问世，低技术含量的 P1 产品的市场需求量下降，市场价格下滑，企业利润空间越来越小。企业可以选择适时退出 P1 生产领域，生产利润更高的其他产品。

此外，从第二年开始，P2 是一个受到众多公司追捧的产品，它的市场需求量大，单位产品的毛利高，最高时可达 5M。但从第五年开始，其市场价格开始下滑，盈利能力不及 P3 和 P4 产品。如果企业拥有 P3 或者 P4 生产资格，且生产线具有较大的柔性，这时应将更多的资源从 P2 的生产销售上转到 P3 或者 P4 的生产销售上，以实现利润最大化。

3. 产品线现代化

这一策略强调把现代科学技术应用到产品生产过程中去。有时，企业产品组合的宽度和深度都合适，但产品线的生产形式落后，影响企业的生产和市场营销效率，这就必须对生产线进行现代化改造。ERP 沙盘模拟中，前任管理层采用了低成本、低投入的生产方式，建设了三条手工线和一条半自动线。随着企业和市场的发展，需要对这种较为落后的生产方式进行升级改造，在模拟操作中，可考虑变卖原有的低效率生产线，替代以高效率的全自动生产线和柔性线。

5.2.3　产品生命周期营销策略

一种产品进入市场后，它的销售情况和获利能力会随着时间的推移而改变，呈现出一个由少到多再由多到少的过程，经历引入期、成长期、成熟期和衰退期四个阶段，即所谓产品的生命周期。ERP 沙盘模拟中 P1、P2、P3、P4 四种产品也有其各自的生产周期，这反映在它们的市场需求量和市场价格的变动趋势上。例如，P1 产品从第二年开始，市场需求量下降，市场价格下滑，开始进入衰退期；而 P2 产品从第二年开始，需求量和市场价格都逐年增加，进入成长期，但从第五年开始，市场价格明显回落，有衰退迹象。分析 P3、P4 产品的市场量价组合也能够看出明显的产品生命周期。根据产品生命周期营销策略，企业可以在不同阶段采用不同的营销策略，确定产品研发的进程以及产品投放市场和退出市场的时间进程，以使企业获得尽可能大的经济效益。

5.2.4　广告策略

广告投放策略是 ERP 沙盘模拟中重要的环节，它对企业经营成果具有重大影响。一个好的广告投放策略是 ERP 沙盘模拟企业取得良好经营业绩的重要保证，衡量企业广告策略有效性的主要指标是广告投入产出比，它是订单销售额与广告投放额之比，广告投入产出比越高，说明企业的广告策略越有效。

影响 ERP 沙盘模拟广告投放策略的因素很多，最主要的是企业的生产能力、上年度末产品的库存量、市场供求关系以及竞争对手状况等。企业根据对各种影响因素的综合分析，决定其广告投入细分市场和广告投放金额策略。

1. 广告投放细分市场数目

首先是确定广告投放细分市场数目，即企业需要在多少个细分市场投入广告。决定企业广告投入细分市场数目的最主要因素有两个：一是企业本年度可供销售的产品数量；二是产品市场供求关系。

企业本年度可供销售的产品数量是企业本年度生产能力和上年度末产品库存之和，它决定企业本年度销售任务的多少。如果可供销售的产品数量大，则需要在多个细分市场投放广告，以实现产品的销售；如可供销售的产品数量少，则只需要在少量细分市场投放广告即可。

市场供求关系有三种情形：一是供不应求；二是供过于求；三是供求基本平衡。通过对年初收集到的竞争对手信息的分析,将竞争对手的产品库存量和本年度生产能力加总,可以获知本年度市场的总供给量,与本年度市场需求量进行比较,就可以判断出本年度市场大致的供求关系状况。市场供不应求时,市场竞争小,企业在单个细分市场可争取到的订单数量较大,只需要在较少的细分市场进行广告投放;如果企业供过于求,市场竞争大,企业在单个细分市场可争取到的订单数量少,则需要在较多的细分市场投放广告。

2. 广告投放金额

影响企业广告投放金额的最主要因素也是企业的年度销售任务和市场供求关系。如果市场供不应求,说明市场的竞争强度较小,产品销售难度小,广告投放额度也可以较少;如果市场供过于求,说明市场竞争强度大,需要投入较大额度的广告费用才有可能获得足够多的订单。这时,企业需要分析市场需求量以及竞争对手的广告投放习惯,估算某个额度的广告投放可能争取到的订单数量,最终确定本企业年度广告投放总额度以及在每个细分市场的投放额度。同时,还需要考虑企业年度销售任务,如果企业年度销售任务小,广告投放金额可以较少;如果年度销售任务大,即使是市场供不应求,也需要投入较多的广告费用,因为企业能够获得的选单机会与所投放的广告金额有关,具体规则参见第 3 章相关部分。

5.3 企业财务策略

5.3.1 认识报表

1. 认识 ERP 沙盘模拟中与财务相关的报表

ERP 沙盘模拟中与财务相关的报表主要有订单登记表、综合管理费用明细表、现金计划表、利润表和资产负债表,其中前三张属于内部报表,后两张属于外部报表。内部报表是根据自身的经营管理需要设计的,没有固定的格式及内容,外部报表则是根据企业会计准则等要求编制,有固定的格式和内容。三张内部报表主要用于登记订单、综合费用及现金收入、支出情况,比较简单,下节直接讲解其填列方法。

2006 年 2 月,财政部颁布了新会计准则,于 2007 年 1 月 1 日起在上市企业执行,其他企业鼓励执行。新准则要求在原有编制资产负债表、利润表、现金流量表三张报表的基础上,增加了一张所有者权益变动表。ERP 沙盘模拟只要求填制其中的两张报表,但这两张报表跟大家课堂上所学的有所不同,这里简单介绍两张报表的基本内容。

2. 资产负债表概述

资产负债表是企业会计核算中的主要报表,是反映企业某一特定日期(月末、季末、年末等)的全部资产、负债、所有者权益情况,即财务状况的静态报表。该表左方列示资产各项目,反映全部资产的分布及存在形态,右方列示负债和所有者权益各项目,反映全部负债和所有者权益的内容和构成情况,虽然左右两方的大类项目各项金额不同,但由于它们之间交叉相等的对照关系,左右两方的总额一定相等。在编制时按照项目的流动性程度来决定其排列顺序。左方的资产项目按照其流动性的强弱,流动性强的排在前面,流动性弱的排在后面,包括流动资产和非流动资产两大部分。右方由负债和所有者权益组成。负债项目按到期日的远近排列,到期日近的排在前面,到期日远的排在后面,包括流动负债和非流动负债,是企业未来需要以资产或者劳务偿付的债务;所有者权益是指企业资产扣除负债后由所有者享有的剩余权益,通常由实收资本(股本)、资本公积、盈余公积和未分配利润等构成,可以据以判断资本保值、增值的情况以及对负债的保障程度。

3. 利润表概述

利润表是反映企业在一定会计期间经营成果的报表,又称为动态报表。通过利润表,可以反映企业一定会计期间的收入实现情况及其构成,可以反映费用的耗费情况,从而反映企业的净利润实现情况,据以判断资本保值、增值情况。我国企业利润表采用多步式结构,即通过对当期的收入、费用、支出项目按性质加以归类,按利润形成的主要环节列示一些中间性的利润指标,分步计算当期损益,可以更清晰地反映利润的来源、减项及其结构。

5.3.2 填列报表

1. 内部报表的填列

1) 订单登记表

订单登记表直接根据年初订货会议所拿到的订单填列即可,可以反映产品、细分市场、销售量、销售额、账期、交货期、成本、毛利等信息。

2) 综合管理费用明细表

综合管理费用明细表中的管理费是固定的,每季度 1M,全年共计 4M,分别在每季度的后期由系统自动扣除。广告费按照各组年初参加订货会议,在所有细分市场投放的广告总额填列。维护费根据年末已安装完成的生产线由系统自动扣除,只要已经安装完成,无论是否开工生产,都需要交纳当年的维护费,扣除标准是每条生产线每年 1M。如果没有购买厂房,而是直接在厂房上建了生产线,系统默认为租用厂房,直接扣除租金,以后每年系统都会在同一时点自动扣除租金,如果在扣除租金前购买了厂房,则不需要再扣除租金。对于半自动线和全自动线,如果转产,则需支付转产费。市场准入开拓、ISO 资格认证和产品研发,按照当年实际支付的数额填列。其他项目只包括出售生产线发生的损失一项。所有生产线,无论新旧,出售所得都是固定的(该类生产线的残值),出售时该生产线的净值(原值—累计折旧)扣除出售所得即为出售损失,出售所得的现金则列入资产负债表的现金中。

3) 现金计划表

现金作为企业最为重要的资产,如同人体内的血液一般,只有持续保持适量正常的循环周转,才能保障企业的日常经营,推动企业更好地实现成长与发展。现金流信息能够直观地表明企业的经营状况,资金是否短缺,对到期债务的偿付能力大小等。现金计划表是

ERP沙盘模拟中对企业现金流入、留存和流出等资金周转环节进行科学管理的重要工具。每年年初拿完订单后,各组需要编制现金计划表以预测现金流情况。在模拟经营过程中,经常有小组出现这样的问题:年初时感觉现金挺充足的,可谁知经营过程中就不够用了;有个别小组由于没有仔细预算现金情况,推进到下一步的时候,因现金为负而破产。因此,只有在执行过程的每一步都不会出现现金短缺的计划才是可行的计划,这就是我们通常所说的现金为王的财务理念。

实践中,经常会出现一些企业利润很高,甚至是行业龙头企业,却突然破产了,究其原因部分是因为资金链断裂。利润反映了企业的盈利能力,而现金净流量则反映企业未来存活下来的可能性。资产负债表和利润表是按权责发生制编制的,权责发生制的特点是收入和成本费用的确认与现金的收付无关。这样就会造成以权责发生制为基础计算的收入减去成本费用后得到的利润,有很大一部分不一定是实实在在能收到现金的利润。为了弥补权责发生制的不足,自1998年开始,财政部要求企业对外报送现金流量表。

现金流量表是按收付实现制编制的,从内容上将对现金流量有重要影响的活动分为经营活动、筹资活动和投资活动三类,每类活动又分为各具体项目,从不同的角度反映企业现金流动,据以评价企业的支付能力、偿债能力和周转能力。现金流量表的编制相对比较难,而ERP沙盘模拟涉及的经营活动、投资活动和筹资活动的现金流量情况比较简单,我们设计了现金计划表这张内部报表来反映现金流转情况。现金计划表的填制比较简单,按照业务发生的先后顺序,涉及现金的,增加的填正数,减少的填负数。

2. 对外报送报表的填列

1) 利润表

利润表的上年数由系统自动从上年报表中提取,只需要填制本年数。利润表的第一项销售收入根据订单登记表的销售额合计数填列,而无论是否收到现金,因为外部报表中,除现金流量表是按收付实现制编制外,其余报表全部按权责发生制编制,即只要符合收入确认的条件,就要确认收入,与现金收付无关。直接成本按照所销售产品的生产成本合计数填列。如果所销售产品是通过组间交易或紧急采购取得的,同样按照产品的生产成本填列。为了简化处理,ERP沙盘模拟中产品的生产成本只包括所耗费的材料和人工费,不包括制造费用。制造费用是指产品生产成本中除直接材料和直接工资以外的其余一切生产成本,主要包括企业各生产单位为组织和管理生产所发生的一切费用。制造费用发生时一般无法直接判定其所归属的成本计算对象(即其发生往往是多种产品共同耗用的结果),因而不能直接计入所生产的产品成本中,须归集后,月终再采用一定的方法进行分配,计入各成本计算对象的成本中。

毛利是销售收入减去直接成本后的差额,由系统自动计算。综合费用由系统直接从第一张报表——综合管理费用明细表中取数,所以,填列报表时,一定要按照顺序填列。折旧前利润是毛利减去综合费用后的差额,由系统自动计算。为了各组间利润的可比性,统一按照直线法计提折旧,折旧年限为4年,手工线、半自动线、全自动线、柔性线的净残值分别为1M、2M、3M、4M,四种生产线每年的折旧费分别是1M、2M、3M、4M。需要注意的是,实践中折旧是按月计提,当月增加的固定资产,当月不计提折旧;当月减少的固定资产,当月照提折旧。为了简化处理,ERP沙盘模拟中规定折旧按年计提,年末由系统自动扣减,当年建成的生产线,下年才计提折旧,如果在系统扣减折旧前变卖生产线,则不需扣减当年的折旧。提满折旧后,继续使用的生产线不用再计提折旧。

支付利息前利润是折旧前利润减去折旧后的差额,由系统自动计算。财务收入/支出就是会计上的三大期间费用之一——财务费用,即企业为筹集生产经营所需资金等而发生的筹资费用,在ERP沙盘模拟中指长期贷款、短期贷款的利息费用和应收款或厂房的贴现息。其他收入是向其他小组出售产品、原材料所产生的收益,即销售额减去成本后的差额。该种交易是直接收现的,所收到的现金计入资产负债表的现金中,减少的产品、原材料从库存产品、原材料中扣除。其他支出包括两项,一是向系统或其他小组购买产品、原材料所产生的损失,即买价减去成本后的差额;二是因不能按时交货发生订单违约时的罚款。

税前利润是支付利息前利润减去其他收入/支出和财务收入/支出后的差额,由系统自动计算。企业所得税按照税前利润乘以25%计算,如果以前年度发生过亏损,可以首先用税前利润弥补前五年的亏损,弥补后还有余额的,按照弥补亏损后的余额交税。所谓亏损,是指净利润为负的情况,亏损弥补不能重复,但可以分多次弥补,例如某年亏损20M,次年弥补8M,再次年弥补12M是可以的,但是加起来只能弥补20M。计算出的企业所得税分别填列在利润表所得税和资产负债表的应交税金上(税费在年底计算,实际缴纳不是在当年结束时,而是在下一年年初)。

2) 资产负债表

资产负债表中的期初数按照上年年末数据填列,填列报表时系统自动给出,只需要填制期末数。流动资产中的现金及应收款是指期末结账时的余额,可以从电子盘面上直接得到数据。在制品可以通过电子盘面尚处于生产线上的产品数量乘以其直接成本取得,产成品通过仓库中的产品数量乘以其直接成本取得,原料可以通过盘点各原料库的数量乘以1M取得。固定资产中的土地和建筑按照所购买的厂房填列,机器与设备按照已经建成的生产线的净值填列,电子盘面上每条生产线的下方均显示其净值,在建工程按照已经投资建设的生产线总额填列,也可以从电子盘面上取得数据。

负债中长期负债按照所有长期负债合计数填列。短期负债按照所有短期负债的合计数填列。ERP沙盘模拟中没有涉及应付账款。应交税金按照计算出的企业所得税金额填列。

除非经营过程中破产,注入了新的资本,否则,所有者权益中的股东资本维持初始投入60M不变。利润留存由上年的利润留存加年度净利得出,由系统自动给出。年度净利由系统自动从本年利润表中取数。

5.3.3 财务分析

1. 现金流量分析

现金流量和利润是财务管理的两个核心内容,对于企业来说都是至关重要的。现金是衡量一个企业实力的重要标准,足够的现金储备能够维持企业日常经营运作,为企业投资提供现金支持,保持或提升企业竞争能力,创造最大的利润。如果企业经营过程中现金流为负,就会破产。但是,企业拥有的现金也不是越多越好,现金的使用是有成本的,如果有大量闲置现金存在,表明企业资金使用效益不高,只有促进现金的不断流转,缩短现金循环周期,才会产生更多的利润,促使资本保值增值。

缩短现金循环周期的方法主要有延长应付款时间、缩短应收款时间和降低存货水平等。ERP沙盘模拟不涉及应付款,对于应收款,在选订单时,相同条件下,应选择现金回收期(交货期+收账期)短的订单。实践中,应收款管理的关键是要结合资金、竞争者、货物类型和客户类型等方面因素,制订合理的收账政策,包括信用期间、信用标准和现金折扣政策等。开展赊销业务增加企业销售收入的同时,也增加持有应收款的机会成本、管理费用、收账费用、坏账损失等,企业应当对开展赊销业务所增加的收入和增加的有关费用、成本、损失进行比较,权衡利弊,正确确定赊销期限,选择赊销客户等。

过多的存货积压会占用企业现金,生产计划应当"以销定产",否则会造成产品大量积压,或者不能按时交货。原材料采购应当"以产定购",否则原材料积压会占用大量现金,或者造成"停工待料"。在下一年年初拿订单之前,产品生产具有一定的不确定性,如果企业建设了柔性线,每年第一季度的库存原材料要适当多些,以满足按订单生产的需求,从第二季度开始,原材料库存逐渐减少,直至第四季度为零库存。

2. 利润分析

利润是个差额概念,表示企业在一定期间生产经营的最终成果,即收入与成本费用相抵后的余额。利润是企业竞争能力的综合体现,一切会计要素的变化最终都会通过利润反映出来。因此,在所有会计信息中利润一直处于核心位置,是企业长期发展的根本。利润的表现形式可能是现金,也可能是债权或其他资产。企业有足够的利润,不仅可以产生相应的现金流,还可以轻松获取银行的支持,产生更多的现金,促进现金流良性循环。经营企业需要有效利用现金投资组合产生最大的利润,有利于产生利润的事情应该鼓励多做,不利于产生利润的事情应当严格控制。

ERP沙盘模拟前一两年由于市场总容量不大,各企业销售额相对较小,而开拓市场、研发产品等方面的投资较多,大部分模拟企业的净利润可能为负数,所有者权益下降。企业首先需要做的事情就是结合市场需求及ERP沙盘规则制定本企业的发展战略。在企业运营过程中,各职能部门需要分工合作,协同一致,信息共享,合理规划,利用有限的资金发展企业。

1) 利润的增项

实践中企业的利润来源有多种方式,而ERP沙盘模拟中的规则比较简单,利润增加的唯一来源就是销售产品,其中,通过在市场上投放广告,拿订单是每年初都要做的事情,属于常项收入;而销售产品给其他模拟企业,随时可以进行,但却不经常发生,属于非常项收入。只有获取利润,才能增加所有者权益,企业才能发展壮大。因此,企业要尽可能地增加销售收入,就需要在有限资金的范围内,制定合理的广告策略,研发新产品,开拓新市场,提升产品的产能。

2) 利润的减项

ERP沙盘模拟中,虽然利润的增项只有销售产品,而利润的减项却很多:产品的直接成本、综合费用、折旧、财务费用等都是利润的减项,应当合理安排这些项目的支出。但是，不能为了增加利润而减少合理的产品研发费用、市场开拓费用、广告费等，这些费用的削减只会影响企业的长远利益。企业需要精算，在细节上控制成本、费用支出。

3) 重要项目的财务控制分析

(1) 广告费分析。销售部门需要根据市场情况、竞争对手情况及本企业战略目标，与生产部门、财务部门、采购部门沟通，在资金、库存产品、产能允许的范围内投放广告。广告的投放在一定程度上是一个博弈的过程，需要综合考虑市场需求量的大小，其他模拟企业的产品研发、市场开拓、生产线建设情况等因素。如果某个细分市场上的产品总需求量大，其他模拟企业在该产品的研发、市场开拓、生产线建设投入少，则意味着该细分市场竞争不大，可以适当减少广告投放。

① 如果有市场老大规则，第一年投放广告费时，要综合考虑如果获得本地市场老大地位，对以后年度广告投放带来的收益。如果获得并维持本地市场老大地位，以后年度可以用较少的广告投入优先选单。但是，也存在投放了大量广告，却没有取得本地市场老大的风险。因此，各组需要计算维持以后年度正常生产经营的最大广告投放额。

以8家企业的市场预测资料为例，第一年本地P1市场需求量是40个，平均价格为5.2M，每组的平均销售收入为：$40×5.2÷8=26(M)$，平均成本：$40÷8×2=10(M)$。假设不投资新生产线，不研发新产品，不开拓新市场，不投资ISO认证，没有贴现应收款，第一年不借入长期、短期贷款，原有的四条生产线全部正常开工，三条手工线、一条半自动线，第一年可以生产P1的数量：$4/3×3+4÷2=6(个)$，需要投入原材料成本6M，人工费6M，共计12M。除广告费外，第一年全年需要的现金支出：产品生产成本12M，管理费4M，维护费4M，利息4M，共计24M。

除广告费外，第一年的净利润：26(销售收入)-10(直接成本)-4(管理费)-4(维护费)-4(长期贷款利息)-5(折旧额)=-1(M)，不需要交纳企业所得税。

假设26M的平均销售收入第一年年底可以收到现金，则现金收入为26M，期末现金余额：30(期初现金)+15(期初第三季的应收款)+26(销售收现)-24(现金支出)=47(M)，下年第一季度的现金支出包括：投放广告费、支付长期贷款利息4M，支付原材料购买费用，支付人工费，支付1M的管理费。

但是，本地市场P1产品从第二年开始，市场需求量及单价逐年下降，如果不及早研发新产品、开拓新市场，则很难支撑以后每年的固定费用(利息、管理费、维护费等)，影响企业的长远利益。因此，企业应当按照制定的战略目标，合理投放第一年的广告，不要盲目夺取标王，量入为出，适度规避风险。

② 在接下来几年的运营中，广告投放至关重要，只有打好广告，才能拿好订单，否则，即使企业的生产能力很强，如果订单没拿够，生产出的产品就会积压。广告的投放还应当综合考虑4种产品在不同时期、不同市场的市场需求量和市场价格，选择毛利水平比较高的组合投放广告。同时，也需要测算所投放广告的每个细分市场的广告投放效益，即：广告额÷销售收入，优化广告策略。

例如，P1产品前三年需求较大的市场是本地市场，第五、第六年主要需求市场是国际市场，对P1需求最少的是区域市场。通过分析将广告适度地投放到需求旺盛的市场上，就能够以较少的广告投入拿到较大的订单。

③ 广告费是在每年年初投放的，上年年末需要预留现金，以支付下年的广告费。如若不够，是先贴现，再做报表，还是下年初贴现，关键看企业下一年是否需要贷款，如果需要，则要保上年年末的所有者权益，贴现需要支付贴息，是利润的减项，最终会导致年末所有者权益减少。如果无须贷款，则可以先贴息，下年初早投广告，在其他条件相同的条件下，可以先拿订单。

(2) 融资分析。企业何时贷款、如何确定贷款的金额、安排贷款结构，是困扰很多模拟企业的问题。ERP 沙盘模拟中，主要的融资方式共有三种：长期贷款、短期贷款和应收款贴现。长短期贷款有一定的限制条件：贷款总额是上年年末所有者权益的三倍，长期贷款只有每年年初有一次贷款的机会，短期贷款每季季初都有一次贷款的机会。企业可以随时进行应收款贴现，没有任何限制，只要有应收款就可以。

① 资金成本分析。资金成本是指企业为筹集和使用资金而付出的代价，包括资金筹集费用和资金占用费用两部分，ERP 沙盘模拟中不涉及资金筹集费用。负债和应收款贴现同样具有节税功能，比较三种融资方式时，不再考虑。三种融资方式成本最低的是短期贷款，年利率只有 5%，其次是长期贷款，年利率为 10%，应收款贴现最高。一期应收款贴现的贴现率(年利率)：$10\%×4÷1=40\%$，二期应收款贴现的贴现率：$10\%×4÷2=20\%$，三期应收款贴现的贴现率：$12.5\%×4÷3=16.7\%$，四期应收款贴现的贴现率：$12.5\%×4÷4=12.5\%$。因此，企业应做好现金预算，尽可能利用长短期贷款进行融资，有些小组现金预算做得不充分，现金短缺则立即贴现，资金的使用成本很高，侵蚀了企业的利润。

② 贷款金额的确定。ERP 沙盘模拟中，各组接手后模拟企业第一年年初的所有者权益为 74M，长期贷款为 40M，现金为 30M，第一年年初是否需要贷款，这要根据企业自身战略规划，在第一年年初拿完订单后进行测算。根据每季度的现金收入与支出金额，结合现金期初余额，可以测算每季度的现金余缺，再根据下年初广告投放预算、偿还长期贷款利息、第一季度支付材料款、人工费等，据以确定贷款的数额。贷款数额过大，会造成现金闲置，不产生效益，还要支付利息，减少利润；贷款数额太少，前一两年企业的利润通常为负数，所有者权益在缩减，贷款额度也随之缩减，可能会造成现金不足，却无法贷到款项的情况。

③ 贷款结构的确定。短期贷款和长期贷款各有利弊，短期贷款使用成本最低，但是还款压力较大，长期贷款使用成本较高，但是还款压力较小。长短期贷款的选择关键是看所有者权益的变化趋势，企业正常经营过程中，一般会出现前期所有者权益下降，后期上升的情况。结合所有者权益的变化，前期一般采用长期贷款方式筹措资金，以防止因所有者权益下降，需要现金时，却因已达到贷款额度，无法贷到新的贷款的情况。后期可以采取滚动申请短期贷款的方式筹措资金，因为后期所有者权益不断提高，贷款的额度也逐步增大，可以采用使用成本最低的短期贷款方式随时获取现金。使用短期贷款融资时需要注意，一般第一季度短期贷款的数额不要太大，因为第一季度的现金支出相对比较多，资金压力比较大。

企业持续发展需要有持续的财务资源支持，实践中，一般要保持资产结构与资本结构的有机协调，即固定资产一般用长期债务或自有资金购置，流动资产一般用短期债务或自有资金购置。如果将短期贷款用于资金回收速度比较慢、周期较长的长期性资产上，由此可能形成资产结构与资本结构在时间和数量上的不协调性，产生"短贷长投"的资金缺口压力。

④ 关注财务杠杆的影响。无论企业营业利润多少，债务利息和优先股的股利都是固定不变的。当企业税前利润增大时，每一元盈余所负担的固定财务费用就会相对减少，给投资者带来更多的盈余。由于固定财务费用的存在而导致普通股每股收益变动率大于息税前利润变动率的杠杆效应，称作财务杠杆。财务杠杆是筹资管理中一个工具，主要用于衡量企业制定的资金结构(自有资金与借入资金的比例)是否合理。合理运用财务杠杆会给企业带来额外的收益，但同时也会加大财务风险。企业要结合市场预测、产销状况及资金缺口对贷款金额进行预算。

(3) 厂房购买或租赁的选择。无论自有资金或借入资金，资金的使用都是要付出代价的，即都是有资金成本的，自有资金的成本计算需要用到一些数据(ERP 沙盘模拟中很难取得)，因此，只用借入资金做比较。ERP 沙盘模拟中，各组接手时，模拟企业已经拥有价值 40M 的大厂房，除非遇到财务危机，企业现金流即将断裂，而又无其他融资途径，否则，不建议出售大厂房。因为出售大厂房的同时，系统自动扣减 5M 的租金，而且企业得到的也不是现金，而是 40M 账期为四季的应收款，如果贴现，还要支付 5M 的贴息，出售厂房的当年付出 10M 的代价，相当于出售大厂房当年的资金使用成本为 $10 \div (40-10) = 33.3\%$(不考虑减税的影响，下同)，以后年度每年的使用成本为 $5 \div 40 = 12.5\%$，高于长期或短期贷款的利息成本。

对于小厂房，购买还是租赁，则要综合考虑企业的现金情况及贷款额度。小厂房的租金为每年 3M，如果租用小厂房，每年的使用成本为 $3/30 = 10\%$，如果购买，假设资金来源于长期贷款(短期贷款的资金成本更低)，则每年的资金成本也是 10%。但是，由于系统的设计问题，长期贷款是在每年年初申请，下年年初支付利息，如果第二年初借入五年期长期贷款，到第六年经营结束为止，实际上只支付了四年的利息，即平均的资金成本为 $10\% \times 4/5 = 8\%$。也就是说，只要借入的资金是在第六年之后还本付息的，则可以免费多占用一年的资金，因此，在贷款额度允许，并且现金充裕的情况下，购买厂房更划算。

(4) 生产线的建设问题。ERP 沙盘模拟有手工、半自动、全自动和柔性四种类型的生产线，不同的生产线购置价格、安装周期、折旧费用及转产情况各不相同。需要扩大产能时，各模拟企业要考虑建设何种生产线、何时建设等问题。

① 何时建设。各模拟企业生产线的建设要与市场预测、企业自身的研发、市场开拓情况、企业的现金及贷款额度相匹配，处理好市场、产能与现金三要素之间的关系。生产线的建设还要考虑资金在不同职能部门(销售部门的广告费、生产部门的生产线建设投入和支付加工费、采购部门的材料采购费等)之间的均衡使用，各组需要计算维持一条某种类型的生产线所要耗费的资金量，避免生产线建成后由于资金不足，无法开工而闲置的情况，积极稳妥地推进企业的发展。

比如，建一条全自动生产线生产 P2 产品(不考虑厂房的使用成本)，假设在第一季度开始建设，中途没有间断，第一、二、三季度分别投入 5M，第四季度建成，可以上线生产一个 P2，需要支付 2M 的材料费和 1M 的加工费，年末支付 1M 的维护费，建设的第一年共支出 19M。第二年如果连续生产，可以生产 4 个产品，需要投入 8M 的材料费和 4M 的加工费，1M 的维护费，总现金支出为 13M。

② 何时建成。生产线的建设需要与产品的研发相配合，做好相应的生产准备。在满足

订单交货的前提下,要结合该生产线建设的年度,生产的产品种类,综合考虑对利润的影响进行测算。比如,全自动生产线的建设周期是三个季度,如果第一季度建设,是选择当年第四季度建成并上线生产一个产品,还是下年第一季度再建成更有利?

ERP 沙盘模拟规定生产线的折旧年限为 4 年,当年建成的固定资产当年不提折旧,如果第一年第一季度建设生产线,选择第一年第四季度建成,第一年要支付 1M 的维护费,第二年开始计提折旧,第五年折旧计提完毕,第六年不需要再计提折旧,但仍可以照常使用;选择下年第一季度再建成,第一年无须支付维护费,第三年开始计提折旧,至第六年折旧计提完毕。在企业六年的经营中,折旧总额是一样的,只是后者计提折旧的时间推迟了一年,少交一年的维护费,但是,也少生产一个产品。假设生产的是 P2,并且可以实现销售(假设不增加广告费),则当年建成比下年第一季度建成大概可以多产生利润:7-3-1=3(M)。

如果是第二年第一季度建设生产线,选择第二年第四季度建成,从第三年开始计提折旧,至第六年经营结束止,共计提了四年的折旧;选择下年第一季度再建成,则从第四年开始计提折旧,至第六年经营结束止,共计提了三年的折旧,当年建成比下年第一季度建成多提一年的折旧 3M,多交 1M 的维护费,假设生产的是 P2,并且可以实现销售(假设不增加广告费),则两者产生的利润大致相同(7-3-3-1=0)。第三年及以后年度建设生产线与第二年建设生产线的情况类似。

当然,这只是粗略的测算,具体决策时还要根据生产的产品、企业的销售情况、现金情况具体分析。

③ 建何种生产线。固定资产投资决策有多种评价指标,投资回收期是不考虑资金时间价值的、适合 ERP 沙盘模拟的指标。投资回收期就是使累计的经济效益等于最初的投资费用所需的时间,即指通过资金回流量来回收投资的年限。相同条件下,投资回收期短的投资方式更有利。

以生产 P2 产品为例,计算 4 种类型的生产线的投资回收期。

投资回收期=安装时间+投资金额/(毛利-维护费-利息-占用厂房的使用成本)

手工线生产 P2 投资回收期=0.25(1 季的安装周期)+5(投资总额)/[4/3(一年生产的个数)×(7(估计的售价)-3(成本))-1-5×10%(假设资金来源于长期贷款)-3/4(假设租用小厂房)]=1.87

半自动生产线生产 P2 投资回收期=0.5+10/[4/2×(7-3)-1-10×10%-3/4]=2.40

全自动生产线生产 P2 投资回收期=0.75+15/[4×(7-3)-1-15×10%-3/4]=1.93

柔性生产线生产 P2 投资回收期=1+20/[4×(7-3)-1-20×10%-3/4]=2.63

从计算得出的绝对数字看,手工线投资回收期最短,其次是全自动生产线,但是,手工线的产能是最低的,每年只能生产 4/3 个产品,后几年市场容量逐渐扩大的情况下,可能无法满足生产的需要。而且,如果将其他固定费用(比如生产线的维护费用、厂房的占用成本等)分摊到各产品,手工线的分摊比例最大。由此得出,建设全自动生产线最划算。但是,柔性线不需要转产周期和转产费,使用起来比较灵活,企业可以建 1～2 条柔性线以应对市场的变化。

④ 在小厂房建线还是替换旧生产线。企业经营的第一、第二年，市场容量不大，但支出很多，对产能扩充的需求不大。企业可能会建一、两条生产线，一般来讲，首先会直接在大厂房空余的两个位置建生产线。需要建设第七条生产线时，有的小组选择变卖大厂房的手工线，在原手工线的位置建新的生产线。

假设企业第三年准备建设第七条生产线，在小厂房布线，需要支付 3M 的租金。原大厂房的手工线第三年开始已提满折旧，无须再计提折旧，只需要支付 1M 的维护费，每年生产 4/3 个产品。

如果生产 P1，并销售出去，假设不考虑增加的广告费，产生的利润：[(4.5×22+9×4.8+15×4.7)/(22+9+15) (各市场的平均售价)-2(生产成本)]×4/3(产量)-1(维护费)=2.5(M)<3(M)。

如果生产 P2，并销售出去，假设不考虑增加的广告费，产生的利润：[(20×7.6+14×8.1+10×8.2)/(20+14+10) (各市场的平均售价)-3(生产成本)]×4/3(产量)-1(维护费)=5.5(M)>3(M)(P3、P4 情况与 P2 类似，不再计算)。

由于手工线转产是不需要转产周期也无须支付转产费的，因此，只要手工线生产的不是 P1 产品，则第三年增加第七条生产线，直接在小厂房建更划算。

⑤ 适度扩张。企业要生存和发展，必须要进行一定规模的扩张，以达到规模经济，提高自身竞争力。但企业在发展和扩张过程中，应该根据企业的长远发展战略，评估自身的财务状况和风险承受能力，避免扩张速度过快。经常有企业有高额的利润，却不能支付巨额的生产性支出与债务费用，最终导致"成长性破产"。企业一定要在现金流动上形成良性的"造血"功能机制，即生产经营活动所产生的现金流入量与现金流出量在时间、数量和速度上保持有机协调。

(5) 关注经营杠杆的作用。ERP 沙盘模拟中，利润表中的成本、费用(财务费用除外)除产品成本外，多属于固定成本，它们的大小一般不与企业业务量成正比例关系。根据成本性态，在一定产销量范围内，产销量的增加一般不会影响固定成本总额，但会使单位产品固定成本降低，从而提高单位产品利润，并使利润增长率大于产销量增长率；反之，产销量减少，会使单位产品固定成本升高，从而降低单位产品利润，并使利润下降率大于产销量的下降率。

在销售收入一定的情况下，固定成本加大会引起经营杠杆系数增加。过大的固定成本支出将改变企业原有的成本结构，使固定成本在产品成本中的比例增大，由此使企业的经营杠杆作用程度也随之增大，加大企业的经营风险。因此，企业应控制固定成本的支出，避免销售收入无法弥补巨大的固定成本支出而导致破产的情况。

(6) 其他问题。"数据"是决策的基础，各模拟企业要增强将数据转化为信息的能力，通过对不同经营策略进行测算，选择最优策略。比如，有的模拟企业在经营时，产能计算错误，拿错了订单，他们就通过紧急采购产品提交订单，成本很高。其实，决策之前，应该计算违约与紧急采购，哪种情况损失最小，就采用哪种情况。实践中，违约可能会影响企业信誉，失去生意伙伴，但 ERP 沙盘模拟中不存在这种情况，大部分决策都是从现金和利润两个角度出发的。

5.4 企业生产策略和新产品研发策略

5.4.1 生产线建设策略

新一届管理层接手时企业只有四条生产线：三条手工线、一条半自动线，全年生产能力为 6 个产品，企业规模小，生产设备效率低。为了抓住市场机会，应对越来越激烈的市场竞争，企业需要对旧生产线进行改造，投资建设新的高效率生产线。在生产线的改造、新建过程中，主要考虑生产线建设的类型、数量和时机。

1. 新建生产线的类型

ERP 沙盘模拟有四种类型的生产线：手工线、半自动线、全自动线和柔性线。手工线和半自动生产线的生产周期长，生产效率低，是企业发展过程中要进行现代化改造的对象，新建生产线不应该考虑增加手工线和半自动生产线。

全自动生产线和柔性生产线属于高效率的先进生产线，其生产线效率相同，但在生产的灵活性和购买成本上各有优势。全自动生产线购置成本和折旧成本低于柔性生产线，但柔性生产线具有全自动生产线没有的生产灵活性。企业进行生产能力扩张时，在这两种生产线的建设进行取舍时，要综合考虑企业财务状况、产品组合及其变动等因素。当企业产品组合单一且稳定时，可选择全自动生产线以降低生产成本和财务成本。当企业产品组合较为复杂，或者随着时间推移企业的产品组合有较大变化时，应该投资一部分柔性生产线，以保持生产上的灵活性，这样就可以根据市场订单情况灵活地调整不同产品的生产时间和数量。

2. 新建生产线的数量和时机

ERP 沙盘模拟中生产线的最大数量是 10 条，企业可根据市场需求增加情况和企业财力资源来决定新建设生产线的数量和时机。

决定企业新建生产线数量和时机时首先要考虑的因素是市场需求及其增长趋势。任何时候企业都是为满足市场需求而进行生产的。没有市场需求的生产是盲目的，企业的产品不能通过市场实现销售，资产的增值就无法实现，资金也无法及时回笼，严重时会使企业现金断流，导致破产。因此，企业应精确地计算每年各类产品的市场需求量、本企业已有的生产能力、其他企业的供给能力，并计算总的市场供给量和市场需求量之间的缺口，估算本企业可以新增的市场销售量，并根据企业的资金能力，来确定生产线建设的数量和时机。

3. 生产线的改造

当企业已经购买的大厂房 6 个生产线位置全部被占用，企业仍有规模扩张的能力和必要时，有以下两种方案可供选择：一是变卖大厂房内低生产效率的手工线，在原手工线的位置投资建设高效率生产线，即进行生产线的现代化改造；二是直接购买或租赁小厂房，在新厂房建设新生产线，当小厂房 4 个生产线位置也被全部占用后，再考虑对原有大厂房内低效率生产线进行现代化改造。企业选择哪个方案进行生产线的现代化改造，要综合考虑企业扩张速度、市场需求、企业生产能力等。当进行生产能力扩张时，企业产品库存较大，生产能力大于市场销售量，可考虑选用第一个方案；若企业产品供不应求，可考虑第二个方案。

5.4.2　厂房策略

ERP 沙盘模拟为经营者提供了大小两个厂房，可租可买，厂房内最多可以建 10 条生产线。如果企业资金充足，从成本的角度来看，购买厂房比租赁厂房更为合算。因此，如果有足够的资金，企业尽可能地购买需要使用的厂房；若资金不足，也可以选择先租赁厂房，将企业有限的财力优先用于日常生产经营活动和生产线的投资新建上。

5.4.3　生产计划

ERP 沙盘模拟中最主要的生产计划是企业的年度生产计划，它是企业组织年度内产品生产的依据，也是企业原材料采购的依据。制订企业生产计划时需要遵守三个基本原则：一是满足市场销售的需要，即生产的安排要能够满足当年销售订单的交货需要；二是尽可能地利用企业现有的生产能力，在生产能力范围内，尽可能地生产市场需要的、盈利能力高的产品；三是要符合企业战略发展的需要，与企业战略发展的方向一致。

制订企业年度生产计划时可使用附录 B 中附表 B-3 "生产计划表"，模拟企业每年年初市场订单确定之后，生产总监要根据本年度的销售任务、生产能力、未来市场需求情况以及企业长期战略发展方向来填制生产计划表。

模拟企业生产计划表不仅要安排本年度的生产，而且要安排下一年度第一季度甚至第二季度的生产，目的是为了提前采购原材。因为企业原材料采购有一定的提前期，其中 P1、P2 产品的生产只涉及 R1、R2 两种原材料，只需提前一个季度预订，因此，P1、P2 的生产计划只需要安排到下一年度的第一季度；P3、P4 的生产需要 R3、R4，这两种原材料都需要提前两个季度预订，因此需要将它们的生产计划安排到下一年度的第二季度。

5.4.4　原材料采购计划

企业原材料的及时充足供应是保证生产环节顺利进行的基础，同时，原材料也是产品成本的重要组成部分，过多的原材料库存会占用过多的企业资金，造成企业总的财务费用的增加，甚至有可能导致企业资金不足。因此，在 ERP 沙盘模拟中采购总监要制订科学合理的原材料采购计划，在满足企业生产需要的基础上，尽可能地减少原材料库存，降低原材料资金占用。

制订模拟企业原材料采购计划时可使用附录 B 中附表 B-4 "原材料采购计划表"，该表填制的原理是：如果本季度初某种原材料的库存可以满足本季度需要使用的该种原材料的数量，企业则不需要为本季度的生产再增加原材料的预订；如果本季度初原材料库存不能满足生产需要的该种原材料的数量，就需要预订该种原材料，使本季季初原材料库存加上本季度能够入库存的原材料之和等于本季使用的原材料数量。

5.4.5 新产品研发策略

新产品研发是 ERP 沙盘模拟中的一个重要环节,新产品的研发一是需要时间;二是需要费用。企业制定产品研发策略时,需要确定以下几个问题。

1. 新产品研发的品种

新一届管理层接手时企业已拥有 P1 产品的生产资格,P2、P3、P4 产品的生产资格需要进行研发投资才能获得,这三种产品研发周期不同,研发的成本也不一样。决定新产品研发品种的主要因素是企业战略,新产品研发必须与企业战略相协调,根据战略需求逐步开展新产品的研发工作。

2. 新产品研发的时机

新产品研发的时机主要取决于企业的生产计划,企业准备首次生产某种产品时,必须同时具有该产品的生产资格。因此,企业的生产计划确定了某种产品的首次生产时间,提前相应的研发周期开始该产品的研发工作,既不影响产品的生产,同时又不会提前占用企业资金。

5.4.6 ISO 认证策略

随着市场的发展,对产品的质量要求会逐步提高,部分顾客会对生产企业提出 ISO 9000 或者 ISO 14000 要求,企业要选择合适的时机进行 ISO 资格认证的投资,否则有可能错失很好的市场机会。通常来说,ISO 资格认证投资不多,全部完成只需要 6M,但可以让企业有更好的质量信誉,企业应该在经营的头几年里完成 ISO 资格认证的投资。

本 章 小 结

本章主要介绍了 ERP 沙盘模拟的策略,包括企业战略分析与选择、企业营销策略、企业财务策略、企业生产策略和新产品研发策略。企业战略分析与选择介绍战略分析的重点内容、企业总体战略的选择和企业经营战略选择;企业营销策略介绍了目标市场战略、产品组合策略、产品生命周期营销策略和广告策略;企业财务策略介绍了 ERP 沙盘模拟中各主要报表及其填列、企业财务分析具体方法;企业生产策略和新产品研发策略介绍了生产线新建策略、厂房策略、生产计划制订、原材料采购计划、新产品研发策略和 ISO 认证策略。

第6章 ERP 沙盘模拟业务运营记录

教学要点

通过本章学习,要求在六年的模拟经营过程中,了解企业经营的各项基本职能及其相互关系,掌握企业主要经营管理过程的运作方法,掌握企业财务报表的填列方法,学会将企业管理理论应用于企业管理的实际工作中。

知识架构

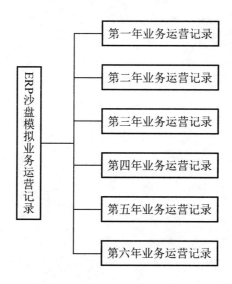

第6章 ERP沙盘模拟业务运营记录

6.1 第一年业务运营记录

第一年业务运营记录见表6-1～表6-6。

表6-1 企业运营流程表

		操作流程	1季	2季	3季	4季
年初	1	新年度规划会议				
	2	广告投放				
	3	参加订货会选订单/登记订单				
	4	支付应付税				
	5	支付长贷利息				
	6	更新长期贷款/长期贷款还款				
	7	申请长期贷款				
四季	1	季初盘点				
	2	更新短期贷款/短期贷款还本付息				
	3	申请短期贷款				
	4	原材料入库/更新原材料订单				
	5	下原材料订单				
	6	购买厂房				
	7	更新生产/完工入库				
	8	新建/在建/转产/变卖生产线				
	9	紧急采购(随时进行)				
	10	开始下一批生产				
	11	更新应收款/应收款收现				
	12	按订单交货				
	13	缴纳违约罚款				
	14	厂房出售/租用厂房				
	15	产品研发投资/生产资格换证				
	16	支付管理费				
	17	出售库存(随时进行)				
	18	应收款贴现(随时进行)				
	19	厂房贴现(随时进行)				
	20	本季收入合计				
	21	本季支出合计				
	22	季末对账				
年末	1	新市场开拓/市场准入换证				
	2	ISO认证投资/ISO资格换证				
	3	支付设备维护费				
	4	计提折旧				
	5	结账				

表6-2 订单登记表

订单号										合计
市场										
产品										
数量										
交货期										
账期										
现金回收期										
销售额										
成本										
毛利										
未售										

表6-3 现金计划表

资金项目	年初	资金项目	1Q	2Q	3Q	4Q	资金项目	年末
年初现金		季初现金					应收款贴现	
应收款贴现		应收款贴现					市场开拓费	
广告费		短贷还本付息					ISO认证费	
支付应付税		借入短贷					设备维修费	
长贷利息		原材料入库/出售					年末支出合计	
长贷还本		购买厂房					年末现金余额	
借入长贷		生产线费用						
年初支出合计		紧急采购原材料						
年初收入合计		加工费						
		出售产成品						
		应收款收现						
		紧急采购产成品						
		零账期订单收现						
		违约罚款						
		厂房租金						
		产品研发费						
		管理费						
		本季支出合计						
		本季收入合计						

表 6-4 综合管理费用明细表

项　　目	金额/M	备　　注
管理费		
广告费		
维护费		
租　金		
转产费		
市场准入开拓		□本地　□区域　□国内　□亚洲　□国际
ISO 资格认证		□ISO 9000　　□ISO 14000
产品研发		P1(　) 　P2(　)　 P3(　)　 P4(　)
其他		
合　计		

表 6-5 利润表

项　　目	符　号	上年数	本年数
销售收入	+		
直接成本	−		
毛利	=		
综合费用	−		
折旧前利润	=		
折旧	−		
支付利息前利润	=		
财务支出(+)/收入(−)	+/−		
其他收入(+)/支出(−)	+/−		
税前利润	=		
所得税	−		
净利润	=		

表 6-6 资产负债表

资　　产	期初数	期末数	负债和所有者权益	期初数	期末数
流动资产			负债		
现金			长期负债		
应收款			短期负债		
在制品			应付账款		
成品			应交税金		
原料			负债合计		
流动资产合计					
固定资产			所有者权益		
土地和建筑			股东资本		
机器与设备			利润留存		
在建工程			年度净利		
固定资产合计			所有者权益合计		
总资产			负债和所有者权益总计		

6.2 第二年业务运营记录

第二年业务运营记录见表6-7～表6-12。

表6-7 企业运营流程表

		操作流程	1季	2季	3季	4季
年初	1	新年度规划会议				
	2	广告投放				
	3	参加订货会选订单/登记订单				
	4	支付应付税				
	5	支付长贷利息				
	6	更新长期贷款/长期贷款还款				
	7	申请长期贷款				
四季	1	季初盘点				
	2	更新短期贷款/短期贷款还本付息				
	3	申请短期贷款				
	4	原材料入库/更新原材料订单				
	5	下原材料订单				
	6	购买厂房				
	7	更新生产/完工入库				
	8	新建/在建/转产/变卖生产线				
	9	紧急采购(随时进行)				
	10	开始下一批生产				
	11	更新应收款/应收款收现				
	12	按订单交货				
	13	缴纳违约罚款				
	14	厂房出售/租用厂房				
	15	产品研发投资/生产资格换证				
	16	支付管理费				
	17	出售库存(随时进行)				
	18	应收款贴现(随时进行)				
	19	厂房贴现(随时进行)				
	20	本季收入合计				
	21	本季支出合计				
	22	季末对账				
年末	1	新市场开拓/市场准入换证				
	2	ISO认证投资/ISO资格换证				
	3	支付设备维护费				
	4	计提折旧				
	5	结账				

表 6-8 订单登记表

订单号									合　计
市场									
产品									
数量									
交货期									
账期									
现金回收期									
销售额									
成本									
毛利									
未售									

表 6-9 现金计划表

资金项目	年初	资金项目	1Q	2Q	3Q	4Q	资金项目	年末
年初现金		季初现金					应收款贴现	
应收款贴现		应收款贴现					市场开拓费	
广告费		短贷还本付息					ISO 认证费	
支付应付税		借入短贷					设备维修费	
长贷利息		原材料入库/出售					年末支出合计	
长贷还本		购买厂房					年末现金余额	
借入长贷		生产线费用						
年初支出合计		紧急采购原材料						
年初收入合计		加工费						
		出售产成品						
		应收款收现						
		紧急采购产成品						
		零账期订单收现						
		违约罚款						
		厂房租金						
		产品研发费						
		管理费						
		本季支出合计						
		本季收入合计						

表 6-10 综合管理费用明细表

项　目	金额/M	备　注
管理费		
广告费		
维护费		
租　金		
转产费		
市场准入开拓		□本地　□区域　□国内　□亚洲　□国际
ISO 资格认证		□ISO 9000　　□ISO 14000
产品研发		P1(　)　P2(　)　P3(　)　P4(　)
其　他		
合　计		

表 6-11 利润表

项　目	符　号	上年数	本年数
销售收入	+		
直接成本	−		
毛利	=		
综合费用	−		
折旧前利润	=		
折旧	−		
支付利息前利润	=		
财务支出(+)/收入(−)	+/−		
其他收入(+)/支出(−)	+/−		
税前利润	=		
所得税	−		
净利润	=		

表 6-12 资产负债表

资　产	期初数	期末数	负债和所有者权益	期初数	期末数
流动资产			负债		
现金			长期负债		
应收款			短期负债		
在制品			应付账款		
成品			应交税金		
原料			负债合计		
流动资产合计					
固定资产			所有者权益		
土地和建筑			股东资本		
机器与设备			利润留存		
在建工程			年度净利		
固定资产合计			所有者权益合计		
总资产			负债和所有者权益总计		

6.3 第三年业务运营记录

第三年业务运营记录见表 6-13～表 6-18。

表 6-13 企业运营流程表

		操作流程	1季	2季	3季	4季
年初	1	新年度规划会议				
	2	广告投放				
	3	参加订货会选订单/登记订单				
	4	支付应付税				
	5	支付长贷利息				
	6	更新长期贷款/长期贷款还款				
	7	申请长期贷款				
四季	1	季初盘点				
	2	更新短期贷款/短期贷款还本付息				
	3	申请短期贷款				
	4	原材料入库/更新原材料订单				
	5	下原材料订单				
	6	购买厂房				
	7	更新生产/完工入库				
	8	新建/在建/转产/变卖生产线				
	9	紧急采购(随时进行)				
	10	开始下一批生产				
	11	更新应收款/应收款收现				
	12	按订单交货				
	13	缴纳违约罚款				
	14	厂房出售/租用厂房				
	15	产品研发投资/生产资格换证				
	16	支付管理费				
	17	出售库存(随时进行)				
	18	应收款贴现(随时进行)				
	19	厂房贴现(随时进行)				
	20	本季收入合计				
	21	本季支出合计				
	22	季末对账				
年末	1	新市场开拓/市场准入换证				
	2	ISO认证投资/ISO资格换证				
	3	支付设备维护费				
	4	计提折旧				
	5	结账				

表 6-14 订单登记表

订单号										合计
市场										
产品										
数量										
交货期										
账期										
现金回收期										
销售额										
成本										
毛利										
未售										

表 6-15 现金计划表

资金项目	年初	资金项目	1Q	2Q	3Q	4Q	资金项目	年末
年初现金		季初现金					应收款贴现	
应收款贴现		应收款贴现					市场开拓费	
广告费		短贷还本付息					ISO 认证费	
支付应付税		借入短贷					设备维修费	
长贷利息		原材料入库/出售					年末支出合计	
长贷还本		购买厂房					年末现金余额	
借入长贷		生产线费用						
年初支出合计		紧急采购原材料						
年初收入合计		加工费						
		出售产成品						
		应收款收现						
		紧急采购产成品						
		零账期订单收现						
		违约罚款						
		厂房租金						
		产品研发费						
		管理费						
		本季支出合计						
		本季收入合计						

表 6-16 综合管理费用明细表

项　目	金额/M	备　注
管理费		
广告费		
维护费		
租　金		
转产费		
市场准入开拓		□本地　□区域　□国内　□亚洲　□国际
ISO 资格认证		□ISO 9000　　　□ISO 14000
产品研发		P1(　)　P2(　)　P3(　)　P4(　)
其　他		
合　计		

表 6-17 利润表

项　目	符　号	上年数	本年数
销售收入	+		
直接成本	−		
毛利	=		
综合费用	−		
折旧前利润	=		
折旧	−		
支付利息前利润	=		
财务支出(+)/收入(−)	+/−		
其他收入(+)/支出(−)	+/−		
税前利润	=		
所得税	−		
净利润	=		

表 6-18 资产负债表

资　产	期初数	期末数	负债和所有者权益	期初数	期末数
流动资产			负债		
现金			长期负债		
应收款			短期负债		
在制品			应付账款		
成品			应交税金		
原料			负债合计		
流动资产合计					
固定资产			所有者权益		
土地和建筑			股东资本		
机器与设备			利润留存		
在建工程			年度净利		
固定资产合计			所有者权益合计		
总资产			负债和所有者权益总计		

第6章 ERP沙盘模拟业务运营记录

6.4 第四年业务运营记录

第四年业务运营记录见表6-19～表6-24。

表6-19 企业运营流程表

		操作流程	1季	2季	3季	4季
年初	1	新年度规划会议				
	2	广告投放				
	3	参加订货会选订单/登记订单				
	4	支付应付税				
	5	支付长贷利息				
	6	更新长期贷款/长期贷款还款				
	7	申请长期贷款				
四季	1	季初盘点				
	2	更新短期贷款/短期贷款还本付息				
	3	申请短期贷款				
	4	原材料入库/更新原材料订单				
	5	下原材料订单				
	6	购买厂房				
	7	更新生产/完工入库				
	8	新建/在建/转产/变卖生产线				
	9	紧急采购(随时进行)				
	10	开始下一批生产				
	11	更新应收款/应收款收现				
	12	按订单交货				
	13	缴纳违约罚款				
	14	厂房出售/租用厂房				
	15	产品研发投资/生产资格换证				
	16	支付管理费				
	17	出售库存(随时进行)				
	18	应收款贴现(随时进行)				
	19	厂房贴现(随时进行)				
	20	本季收入合计				
	21	本季支出合计				
	22	季末对账				
年末	1	新市场开拓/市场准入换证				
	2	ISO认证投资/ISO资格换证				
	3	支付设备维护费				
	4	计提折旧				
	5	结账				

表 6-20 订单登记表

订单号										合　　计
市场										
产品										
数量										
交货期										
账期										
现金回收期										
销售额										
成本										
毛利										
未售										

表 6-21 现金计划表

资金项目	年初	资金项目	1Q	2Q	3Q	4Q	资金项目	年末
年初现金		季初现金					应收款贴现	
应收款贴现		应收款贴现					市场开拓费	
广告费		短贷还本付息					ISO认证费	
支付应付税		借入短贷					设备维修费	
长贷利息		原材料入库/出售					年末支出合计	
长贷还本		购买厂房					年末现金余额	
借入长贷		生产线费用						
年初支出合计		紧急采购原材料						
年初收入合计		加工费						
		出售产成品						
		应收款收现						
		紧急采购产成品						
		零账期订单收现						
		违约罚款						
		厂房租金						
		产品研发费						
		管理费						
		本季支出合计						
		本季收入合计						

表6-22 综合管理费用明细表

项目	金额/M	备注
管理费		
广告费		
维护费		
租金		
转产费		
市场准入开拓		□本地　□区域　□国内　□亚洲　□国际
ISO资格认证		□ISO 9000　　　□ISO14000
产品研发		P1(　) P2(　) P3(　) P4(　)
其他		
合计		

表6-23 利润表

项目	符号	上年数	本年数
销售收入	+		
直接成本	−		
毛利	=		
综合费用	−		
折旧前利润	=		
折旧	−		
支付利息前利润	=		
财务支出(+)/收入(−)	+/−		
其他收入(+)/支出(−)	+/−		
税前利润	=		
所得税	−		
净利润	=		

表6-24 资产负债表

资产	期初数	期末数	负债和所有者权益	期初数	期末数
流动资产			负债		
现金			长期负债		
应收款			短期负债		
在制品			应付账款		
成品			应交税金		
原料			负债合计		
流动资产合计					
固定资产			所有者权益		
土地和建筑			股东资本		
机器与设备			利润留存		
在建工程			年度净利		
固定资产合计			所有者权益合计		
总资产			负债和所有者权益总计		

6.5 第五年业务运营记录

第五年业务运营记录见表 6-25～表 6-30。

表 6-25 企业运营流程表

		操作流程	1季	2季	3季	4季
年初	1	新年度规划会议				
	2	广告投放				
	3	参加订货会选订单/登记订单				
	4	支付应付税				
	5	支付长贷利息				
	6	更新长期贷款/长期贷款还款				
	7	申请长期贷款				
四季	1	季初盘点				
	2	更新短期贷款/短期贷款还本付息				
	3	申请短期贷款				
	4	原材料入库/更新原材料订单				
	5	下原材料订单				
	6	购买厂房				
	7	更新生产/完工入库				
	8	新建/在建/转产/变卖生产线				
	9	紧急采购(随时进行)				
	10	开始下一批生产				
	11	更新应收款/应收款收现				
	12	按订单交货				
	13	缴纳违约罚款				
	14	厂房出售/租用厂房				
	15	产品研发投资/生产资格换证				
	16	支付管理费				
	17	出售库存(随时进行)				
	18	应收款贴现(随时进行)				
	19	厂房贴现(随时进行)				
	20	本季收入合计				
	21	本季支出合计				
	22	季末对账				
年末	1	新市场开拓/市场准入换证				
	2	ISO 认证投资/ISO 资格换证				
	3	支付设备维护费				
	4	计提折旧				
	5	结账				

第 6 章　ERP 沙盘模拟业务运营记录

表 6-26　订单登记表

订单号							合　计
市场							
产品							
数量							
交货期							
账期							
现金回收期							
销售额							
成本							
毛利							
未售							

表 6-27　现金计划表

资金项目	年初	资金项目	1Q	2Q	3Q	4Q	资金项目	年末
年初现金		季初现金					应收款贴现	
应收款贴现		应收款贴现					市场开拓费	
广告费		短贷还本付息					ISO 认证费	
支付应付税		借入短贷					设备维修费	
长贷利息		原材料入库/出售					年末支出合计	
长贷还本		购买厂房					年末现金余额	
借入长贷		生产线费用						
年初支出合计		紧急采购原材料						
年初收入合计		加工费						
		出售产成品						
		应收款收现						
		紧急采购产成品						
		零账期订单收现						
		违约罚款						
		厂房租金						
		产品研发费						
		管理费						
		本季支出合计						
		本季收入合计						

表 6-28 综合管理费用明细表

项　　目	金额/M	备　　注
管理费		
广告费		
维护费		
租　金		
转产费		
市场准入开拓		□本地　　□区域　　□国内　　□亚洲　　□国际
ISO 资格认证		□ISO 9000　　　　□ISO 14000
产品研发		P1(　　)　P2(　　)　P3(　　)　P4(　　)
其　他		
合　计		

表 6-29 利润表

项　　目	符　　号	上年数	本年数
销售收入	+		
直接成本	−		
毛利	=		
综合费用	−		
折旧前利润	=		
折旧	−		
支付利息前利润	=		
财务支出(+)/收入(−)	+/−		
其他收入(+)/支出(−)	+/−		
税前利润	=		
所得税	−		
净利润	=		

表 6-30 资产负债表

资　　产	期初数	期末数	负债和所有者权益	期初数	期末数
流动资产			负债		
现金			长期负债		
应收款			短期负债		
在制品			应付账款		
成品			应交税金		
原料			负债合计		
流动资产合计					
固定资产			所有者权益		
土地和建筑			股东资本		
机器与设备			利润留存		
在建工程			年度净利		
固定资产合计			所有者权益合计		
总资产			负债和所有者权益总计		

6.6 第六年业务运营记录

第六年业务运营记录见表6-31~表6-36。

表6-31 企业运营流程表

		操作流程	1季	2季	3季	4季
年初	1	新年度规划会议				
	2	广告投放				
	3	参加订货会选订单/登记订单				
	4	支付应付税				
	5	支付长贷利息				
	6	更新长期贷款/长期贷款还款				
	7	申请长期贷款				
四季	1	季初盘点				
	2	更新短期贷款/短期贷款还本付息				
	3	申请短期贷款				
	4	原材料入库/更新原材料订单				
	5	下原材料订单				
	6	购买厂房				
	7	更新生产/完工入库				
	8	新建/在建/转产/变卖生产线				
	9	紧急采购(随时进行)				
	10	开始下一批生产				
	11	更新应收款/应收款收现				
	12	按订单交货				
	13	缴纳违约罚款				
	14	厂房出售/租用厂房				
	15	产品研发投资/生产资格换证				
	16	支付管理费				
	17	出售库存(随时进行)				
	18	应收款贴现(随时进行)				
	19	厂房贴现(随时进行)				
	20	本季收入合计				
	21	本季支出合计				
	22	季末对账				
年末	1	新市场开拓/市场准入换证				
	2	ISO认证投资/ISO资格换证				
	3	支付设备维护费				
	4	计提折旧				
	5	结账				

表 6-32 订单登记表

订单号										合计
市场										
产品										
数量										
交货期										
账期										
现金回收期										
销售额										
成本										
毛利										
未售										

表 6-33 现金计划表

资金项目	年初	资金项目	1Q	2Q	3Q	4Q	资金项目	年末
年初现金		季初现金					应收款贴现	
应收款贴现		应收款贴现					市场开拓费	
广告费		短贷还本付息					ISO 认证费	
支付应付税		借入短贷					设备维修费	
长贷利息		原材料入库/出售					年末支出合计	
长贷还本		购买厂房					年末现金余额	
借入长贷		生产线费用						
年初支出合计		紧急采购原材料						
年初收入合计		加工费						
		出售产成品						
		应收款收现						
		紧急采购产成品						
		零账期订单收现						
		违约罚款						
		厂房租金						
		产品研发费						
		管理费						
		本季支出合计						
		本季收入合计						

表 6-34　综合管理费用明细表

项　　目	金额/M	备　　注
管理费		
广告费		
维护费		
租　金		
转产费		
市场准入开拓		□本地　□区域　□国内　□亚洲　□国际
ISO 资格认证		□ISO 9000　　□ISO 14000
产品研发		P1(　)　P2(　)　P3(　)　P4(　)
其　他		
合　计		

表 6-35　利润表

项　　目	符　　号	上年数	本年数
销售收入	+		
直接成本	−		
毛利	=		
综合费用	−		
折旧前利润	=		
折旧	−		
支付利息前利润	=		
财务支出(+)/收入(−)	+/−		
其他收入(+)/支出(−)	+/−		
税前利润	=		
所得税	−		
净利润	=		

第6章 ERP 沙盘模拟业务运营记录

表 6-36 资产负债表

资　　产	期初数	期末数	负债和所有者权益	期初数	期末数
流动资产			负债		
现金			长期负债		
应收款			短期负债		
在制品			应付账款		
成品			应交税金		
原料			负债合计		
流动资产合计					
固定资产			所有者权益		
土地和建筑			股东资本		
机器与设备			利润留存		
在建工程			年度净利		
固定资产合计			所有者权益合计		
总资产			负债和所有者权益总计		

本 章 小 结

本章是ERP沙盘模拟六年经营过程的真实记录。通过填列每个经营年度的运营流程表、订单登记表、现金计划表、综合管理费用明细表、利润表、资产负债表，真实、详细地反映模拟企业的经营过程、经营成果和财务状况。

市场预测资料 附录 A

1. 模拟市场 6 家生产企业的市场预测资料

1) 模拟市场 6 家生产企业本地市场预测资料

本地市场将会持续发展，对低端产品的需求可能降低，伴随着需求的减少，低端产品的价格很可能会走低。后几年，随着高端产品的成熟，市场对 P3、P4 产品的需求将逐渐增加。由于客户质量意识的不断提高，接下来几年可能对产品的 ISO 9000 和 ISO 14000 认证有更多的需求。市场预测情况如附图 A.1 和附表 A-1 所示。

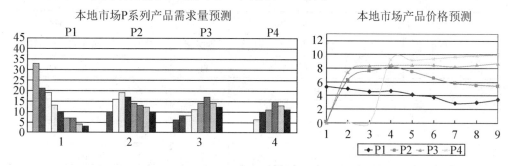

附图 A.1　6 家企业本地市场预测

附表 A-1　6 家企业本地市场预测

	P1		P2		P3		P4	
	需求量	价格	需求量	价格	需求量	价格	需求量	价格
第 1 年	33	5.3	0	0	0	0	0	0
第 2 年	21	5	10	6.3	6	7.4	0	0
第 3 年	19	4.6	16	7.6	8	8.3	0	0
第 4 年	13	4.7	19	8.2	8	8.3	6	9.3
第 5 年	10	4.2	17	7.5	11	8.4	10	9.2
第 6 年	7	3.8	14	6.6	14	8.5	11	9.4
第 7 年	7	2.9	13	5.8	17	8.2	15	9.7
第 8 年	4	3	12	5.5	14	8.5	13	9.8
第 9 年	3	3.5	10	5.4	12	8.7	11	10

2) 模拟市场 6 家生产企业区域市场预测资料

区域市场的客户相对稳定，对 P 系列产品需求的变化很可能比较平衡。因为紧邻本地市场，所以该市场的产品的需求量的走势很可能与本地市场相似，价格趋势也应大致一样。该市场容量有限，对高端产品需求量也可能相对较小，但客户对产品的 ISO 9000 和 ISO 14000 认证可能有较高的要求。市场预测情况如附图 A.2 和附表 A-2 所示。

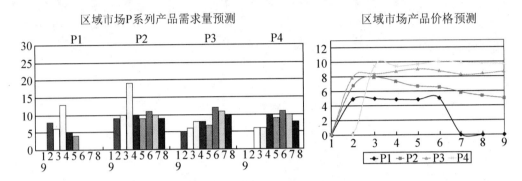

附图 A.2　6 家企业区域市场预测

附表 A-2　6 家企业区域市场预测

	P1		P2		P3		P4	
	需求量	价格	需求量	价格	需求量	价格	需求量	价格
第 1 年	0	0	0	0	0	0	0	0
第 2 年	8	4.9	9	6.8	5	7.9	0	0
第 3 年	6	4.9	10	8	6	8.3	6	9.5
第 4 年	13	4.8	19	7.3	8	8.7	6	9.4
第 5 年	5	4.8	10	6.7	8	9	10	9.7
第 6 年	4	5	9	6.5	7	8.8	9	10
第 7 年	0	0	11	5.8	12	8.2	11	10
第 8 年	0	0	10	5.3	11	8.4	10	9.8
第 9 年	0	0	9	5	10	8.6	8	9.7

3) 模拟市场 6 家生产企业国内市场预测资料

因 P1 产品带有较浓的地域色彩，估计国内市场对 P1 产品不会有持久的需求。但 P2 产品因更适合于国内市场，估计需求一直比较平稳。随着市场对 P 系列产品的逐渐认同，对 P3 产品的需求会发展较快。但对 P4 产品的需求就不一定像 P3 产品那样旺盛。对高价值的产品来说，客户一定会更注重产品的质量认证。市场预测情况如附图 A.3 和附表 A-3 所示。

附录 A 市场预测资料

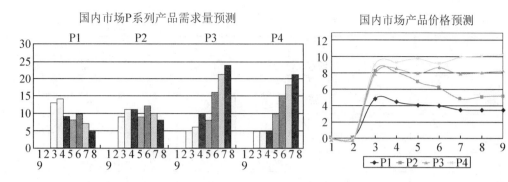

附图 A.3　6 家企业国内市场预测

附表 A-3　6 家企业国内市场预测

	P1		P2		P3		P4	
	需求量	价格	需求量	价格	需求量	价格	需求量	价格
第 1 年	0	0	0	0	0	0	0	0
第 2 年	0	0	0	0	0	0	0	0
第 3 年	13	4.9	9	8.3	5	8	5	9
第 4 年	14	4.5	11	8.2	6	8.6	5	9.4
第 5 年	9	4.1	11	7	10		5	9.8
第 6 年	8	4	9	6.2	8	8.7	10	9.3
第 7 年	10	3.5	12	4.9	16	7.9	15	9.9
第 8 年	7	3.5	10	5.1	21	8.1	18	10.1
第 9 年	5	3.5	8	5.3	24	8.3	21	10.3

4) 模拟市场 6 家生产企业亚洲市场预测资料

这个市场一向波动较大，所以对 P1 产品的需求可能起伏较大，估计对 P2 产品的需求走势与 P1 相似。但该市场对新产品很敏感，因此估计对 P3、P4 产品的需求量会发展较快，价格也可能不菲。另外，这个市场的消费者很看重产品的质量，所以没有 ISO 9000 和 ISO 14000 认证的产品可能很难销售。市场预测情况如附图 A.4 和附表 A-4 所示。

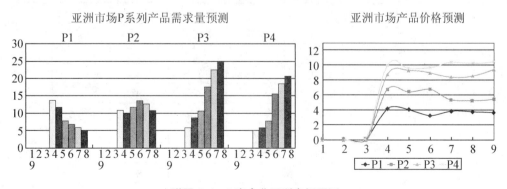

附图 A.4　6 家企业亚洲市场预测

附表 A-4　6家企业亚洲市场预测

	P1		P2		P3		P4	
	需求量	价格	需求量	价格	需求量	价格	需求量	价格
第1年	0	0	0	0	0	0	0	0
第2年	0	0	0	0	0	0	0	0
第3年	0	0	0	0	0	0	0	0
第4年	14	4.1	11	6.7	6	8.7	5	9.9
第5年	12	4	10	6.4	9	9.2	6	9.5
第6年	8	3.2	12	6.7	11	8.9	8	9.6
第7年	7	3.8	14	5.3	18	8.3	16	10.3
第8年	6	3.7	13	5.2	23	8.5	19	10.2
第9年	5	3.6	11	5.4	25	9.3	21	10.4

5) 模拟市场6家生产企业国际市场预测资料

P系列产品进入国际市场可能需要一个较长的时期。有迹象表明，市场对P1产品已经有所认同，但还需要一段时间才能完全被市场接受。同样，市场对P2、P3和P4产品也会很谨慎地接受。需求发展较慢。当然，国际市场的客户也会关注具有ISO认证的产品。市场预测情况如附图A.5和附表A-5所示。

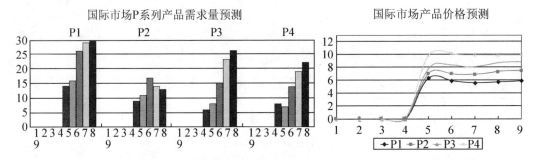

附图 A.5　6家企业国际市场预测

附表 A-5　6家企业国际市场预测

	P1		P2		P3		P4	
	需求量	价格	需求量	价格	需求量	价格	需求量	价格
第1年	0	0	0	0	0	0	0	0
第2年	0	0	0	0	0	0	0	0
第3年	0	0	0	0	0	0	0	0
第4年	0	0	0	0	0	0	0	0
第5年	14	6.3	9	7	6	7.8	8	9.8
第6年	16	5.9	11	7	8	8.3	7	10.2
第7年	26	5.6	17	6.8	15	8	14	9.8
第8年	29	5.7	14	7.3	23	8.7	19	9.8
第9年	32	5.9	13	7.5	26	8.9	22	9.9

附录 A 市场预测资料

2. 模拟市场 7 家生产企业的市场预测资料

1) 模拟市场 7 家生产企业本地市场预测资料

本地市场将会持续发展,对低端产品的需求可能降低,伴随着需求的减少,低端产品的价格很可能会走低。后几年,随着高端产品的成熟,市场对 P3、P4 产品的需求将逐渐增加。由于客户质量意识的不断提高,接下来几年可能对产品的 ISO 9000 和 ISO 14000 认证有更多的需求。市场预测情况如附图 A.6 和附表 A-6 所示。

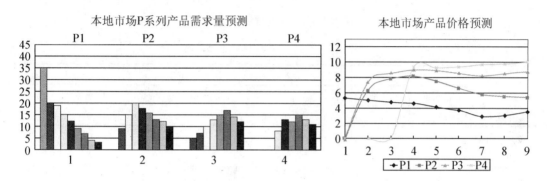

附图 A.6　7 家企业本地市场预测

附表 A-6　7 家企业本地市场预测

	P1		P2		P3		P4	
	需求量	价格	需求量	价格	需求量	价格	需求量	价格
第 1 年	35	5.3	0	0	0	0	0	0
第 2 年	20	5	9	6.4	5	7.4	0	0
第 3 年	19	4.7	15	7.8	7	8.5	0	0
第 4 年	15	4.6	20	8.2	10	9	8	9.3
第 5 年	12	4.1	18	7.5	13	8.9	13	9.2
第 6 年	9	3.7	16	6.6	15	8.5	12	9.4
第 7 年	7	2.9	13	5.8	17	8.2	15	9.7
第 8 年	4	3	12	5.5	14	8.5	13	9.8
第 9 年	3	3.5	10	5.4	12	8.7	11	10

2) 模拟市场 7 家生产企业区域市场预测资料

区域市场的客户相对稳定,对 P 系列产品需求的变化很可能比较平衡。因为紧邻本地市场,所以对该市场产品的需求量的走势很可能与本地市场相似,价格趋势也应大致一样。该市场容量有限,对高端产品需求量也可能相对较小,但客户对产品的 ISO 9000 和 ISO 14000 认证可能有较高的要求。市场预测情况如附图 A.7 和附表 A-7 所示。

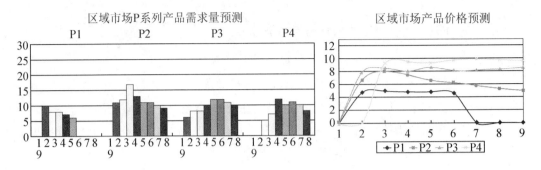

附图 A.7　7 家企业区域市场预测

附表 A-7　7 家企业区域市场预测

	P1		P2		P3		P4	
	需求量	价格	需求量	价格	需求量	价格	需求量	价格
第 1 年	0	0	0	0	0	0	0	0
第 2 年	10	4.8	11	6.8	6	7.9	0	0
第 3 年	8	5	12	8	8	8.5	5	9.4
第 4 年	8	4.8	17	7.5	8	8.1	7	9.6
第 5 年	7	4.8	13	6.6	10	8.7	12	9.4
第 6 年	6	4.6	11	6.3	12	8.2	10	9.8
第 7 年	0	0	11	5.8	12	8.2	11	10
第 8 年	0	0	10	5.3	11	8.4	10	9.8
第 9 年	0	0	9	5	10	8.6	8	9.7

3) 模拟市场 7 家生产企业国内市场预测资料

因 P1 产品带有较浓的地域色彩，估计国内市场对 P1 产品不会有持久的需求。但 P2 产品因更适合于国内市场，估计需求一直比较平稳。随着对 P 系列产品的逐渐认同，市场对 P3 产品的需求会发展较快。但对 P4 产品的需求就不一定像 P3 产品那样旺盛了。对高价值的产品来说，客户一定会更注重产品的质量认证。市场预测情况如附图 A.8 和附表 A-8 所示。

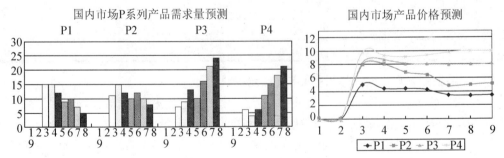

附图 A.8　7 家企业国内市场预测

附录 A 市场预测资料

附表 A-8　7 家企业国内市场预测

	P1		P2		P3		P4	
	需求量	价格	需求量	价格	需求量	价格	需求量	价格
第 1 年	0	0	0	0	0	0	0	0
第 2 年	0	0	0	0	0	0	0	0
第 3 年	15	5.1	11	8	7	8.2	6	9.9
第 4 年	15	4.5	15	8.1	9	8.7	4	9.4
第 5 年	12	4.5	12	6.9	13	8.2	6	9.2
第 6 年	9	4.3	10	6.5	10	8.1	11	9.4
第 7 年	10	3.5	12	4.9	16	7.9	15	9.9
第 8 年	7	3.5	10	5.1	21	8.1	18	10.1
第 9 年	5	3.5	8	5.3	24	8.3	21	10.3

4) 模拟市场 7 家生产企业亚洲市场预测资料

这个市场一向波动较大，所以对 P1 产品的需求可能起伏较大，估计对 P2 产品的需求走势与 P1 相似。但该市场对新产品很敏感，因此估计对 P3、P4 产品的需求量会发展较快，价格也可能不菲。另外，这个市场的消费者很看重产品的质量，所以没有 ISO 9000 和 ISO 14000 认证的产品可能很难销售。市场预测情况如附图 A.9 和附表 A-9 所示。

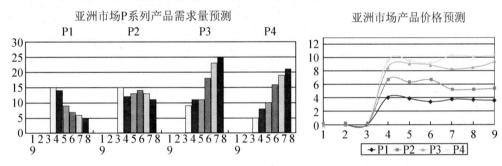

附图 A.9　7 家企业亚洲市场预测

附表 A-9　7 家企业亚洲市场预测

	P1		P2		P3		P4	
	需求量	价格	需求量	价格	需求量	价格	需求量	价格
第 1 年	0	0	0	0	0	0	0	0
第 2 年	0	0	0	0	0	0	0	0
第 3 年	0	0	0	0	0	0	0	0
第 4 年	15	4.1	15	6.7	9	8.6	5	9.6
第 5 年	14	3.9	12	6.4	11	9.2	8	9.5
第 6 年	9	3.4	13	6.7	11	8.9	10	9.2
第 7 年	7	3.8	14	5.3	18	8.3	16	10.3
第 8 年	6	3.7	13	5.2	23	8.5	19	10.2
第 9 年	5	3.6	11	5.4	25	9.3	21	10.4

5) 模拟市场7家生产企业国际市场预测资料

P系列产品进入国际市场可能需要一个较长的时期。有迹象表明，市场对P1产品已经有所认同，但还需要一段时间才能完全被市场接受。同样，市场对P2、P3和P4产品也会很谨慎地接受。需求发展较慢。当然，国际市场的客户也会关注具有ISO认证的产品。市场预测情况如附图A.10和附表A-10所示。

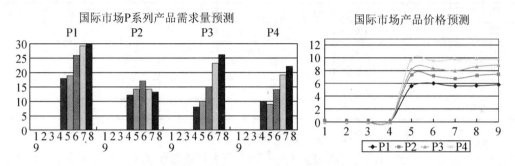

附图A.10　7家企业国际市场预测

附表A-10　7家企业国际市场预测

	P1		P2		P3		P4	
	需求量	价格	需求量	价格	需求量	价格	需求量	价格
第1年	0	0	0	0	0	0	0	0
第2年	0	0	0	0	0	0	0	0
第3年	0	0	0	0	0	0	0	0
第4年	0	0	0	0	0	0	0	0
第5年	18	5.6	12	7.4	8	8.2	10	9.7
第6年	19	6	14	7.2	10	8.4	9	9.5
第7年	26	5.6	17	6.8	15	8	14	9.8
第8年	29	5.7	14	7.3	23	8.7	19	9.8
第9年	32	5.9	13	7.5	26	8.9	22	9.9

3. 模拟市场8家生产企业的市场预测资料

1) 模拟市场8家生产企业本地市场预测资料

本地市场将会持续发展，对低端产品的需求可能降低，伴随着需求的减少，低端产品的价格很可能会走低。后几年，随着高端产品的成熟，市场对P3、P4产品的需求将逐渐增加。由于客户质量意识的不断提高，接下来几年可能对产品的ISO 9000和ISO 14000认证有更多的需求。市场预测情况如附图A.11和附表A-11所示。

附录 A 市场预测资料

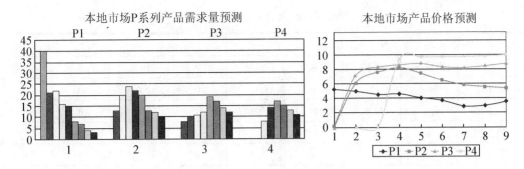

附图 A.11　8家企业本地市场预测

附表 A-11　8家企业本地市场预测

	P1		P2		P3		P4	
	需求量	价格	需求量	价格	需求量	价格	需求量	价格
第1年	40	5.2	0	0	0	0	0	0
第2年	21	5	13	6.1	8	7.1	0	0
第3年	22	4.5	20	7.6	10	8.3	0	0
第4年	16	4.6	24	8.2	11	8.6	8	9.4
第5年	15	4	22	7.4	12	8.8	14	9.7
第6年	8	3.7	20	6.5	19	8.3	17	9.7
第7年	7	2.9	13	5.8	17	8.2	15	9.7
第8年	4	3	12	5.5	14	8.5	13	9.8
第9年	3	3.5	10	5.4	12	8.7	11	10

2) 模拟市场 8 家生产企业区域市场预测资料

区域市场的客户相对稳定，对 P 系列产品需求的变化很可能比较平衡。因为紧邻本地市场，所以对该市场产品的需求量的走势很可能与本地市场相似，价格趋势也应大致一样。该市场容量有限，对高端产品需求量也可能相对较小，但客户对产品的 ISO 9000 和 ISO 14000 认证可能有较高的要求。市场预测情况如附图 A.12 和附表 A-12 所示。

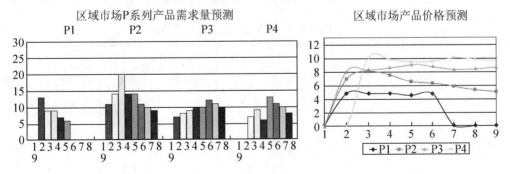

附图 A.12　8家企业区域市场预测

附表 A-12　8家企业区域市场预测

	P1		P2		P3		P4	
	需求量	价格	需求量	价格	需求量	价格	需求量	价格
第1年	0	0	0	0	0	0	0	0
第2年	13	4.8	11	6.9	7	8	0	0
第3年	9	4.8	14	8.1	8	8.2	7	10
第4年	9	4.8	20	7.5	9	8.5	9	9.8
第5年	7	4.5	14	6.5	10	9	6	9.4
第6年	6	4.7	14	6.3	10	8.7	13	9.5
第7年	0	0	11	5.8	12	8.2	11	10
第8年	0	0	10	5.3	11	8.4	10	9.8
第9年	0	0	9	5	10	8.6	8	9.7

3) 模拟市场8家生产企业国内市场预测资料

因P1产品带有较浓的地域色彩，估计国内市场对P1产品不会有持久的需求。但P2产品因更适合于国内市场，估计需求一直比较平稳。随着对P系列产品的逐渐认同，市场对P3产品的需求会发展较快。但对P4产品的需求就不一定像P3产品那样旺盛了。对高价值的产品来说，客户一定会更注重产品的质量认证。市场预测情况如附图A.13和附表A-13所示。

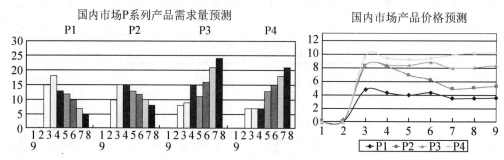

附图 A.13　8家企业国内市场预测

附表 A-13　8家企业国内市场预测

	P1		P2		P3		P4	
	需求量	价格	需求量	价格	需求量	价格	需求量	价格
第1年	0	0	0	0	0	0	0	0
第2年	0	0	0	0	0	0	0	0
第3年	15	4.7	10	8.2	8	8.2	7	9.6
第4年	18	4.3	15	8.2	9	8.4	7	9.4
第5年	13	4	15	6.9	15	8.3	7	9.2
第6年	12	4.3	13	6.2	11	8.8	13	9.4

续表

	P1		P2		P3		P4	
	需求量	价格	需求量	价格	需求量	价格	需求量	价格
第7年	10	3.5	12	4.9	16	7.9	15	9.9
第8年	7	3.5	10	5.1	21	8.1	18	10.1
第9年	5	3.5	8	5.3	24	8.3	21	10.3

4) 模拟市场8家生产企业亚洲市场预测资料

这个市场一向波动较大，所以对P1产品的需求可能起伏较大，估计对P2产品的需求走势与P1相似。但该市场对新产品很敏感，因此估计对P3、P4产品的需求量会发展较快，价格也可能不菲。另外，这个市场的消费者很看重产品的质量，所以没有 ISO 9000 和 ISO 14000 认证的产品可能很难销售。市场预测情况如附图A.14和附表A-14所示。

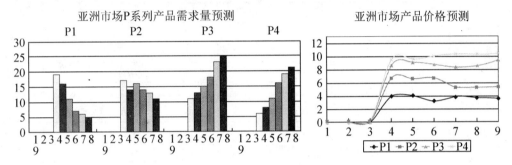

附图 A.14 8家企业亚洲市场预测

附表 A-14 8家企业亚洲市场预测

	P1		P2		P3		P4	
	需求量	价格	需求量	价格	需求量	价格	需求量	价格
第1年	0	0	0	0	0	0	0	0
第2年	0	0	0	0	0	0	0	0
第3年	0	0	0	0	0	0	0	0
第4年	19	3.9	17	6.7	11	8.6	6	9.4
第5年	16	4	14	6.6	13	9	8	9.5
第6年	11	3.2	16	6.7	15	8.7	11	9.9
第7年	7	3.8	14	5.3	18	8.3	16	10.3
第8年	6	3.7	13	5.2	23	8.5	19	10.2
第9年	5	3.6	11	5.4	25	9.3	21	10.4

5) 模拟市场8家生产企业国际市场预测资料

P系列产品进入国际市场可能需要一个较长的时期。有迹象表明，市场对P1产品已经有所认同，但还需要一段时间才能完全被市场接受。同样，市场对P2、P3和P4产品也会很谨慎地接受。需求发展较慢。当然，国际市场的客户也会关注具有ISO认证的产品。市场预测情况如附图A.15和附表A-15所示。

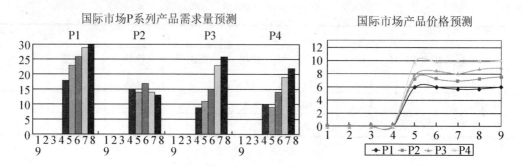

附图 A.15　8 家企业国际市场预测

附表 A-15　8 家企业国际市场预测

	P1		P2		P3		P4	
	需求量	价格	需求量	价格	需求量	价格	需求量	价格
第 1 年	0	0	0	0	0	0	0	0
第 2 年	0	0	0	0	0	0	0	0
第 3 年	0	0	0	0	0	0	0	0
第 4 年	0	0	0	0	0	0	0	0
第 5 年	18	5.9	15	7.2	9	7.7	10	9.6
第 6 年	23	6	14	7.2	11	8.4	9	9.7
第 7 年	26	5.6	17	6.8	15	8	14	9.8
第 8 年	29	5.7	14	7.3	23	8.7	19	9.8
第 9 年	32	5.9	13	7.5	26	8.9	22	9.9

4. 模拟市场 9 家生产企业的市场预测资料

1) 模拟市场 9 家生产企业本地市场预测资料

本地市场将会持续发展，对低端产品的需求可能降低，伴随着需求的减少，低端产品的价格很可能会走低。后几年，随着高端产品的成熟，市场对 P3、P4 产品的需求将逐渐增加。由于客户质量意识的不断提高，接下来几年可能对产品的 ISO 9000 和 ISO 14000 认证有更多的需求。市场预测情况如附图 A.16 和附表 A-16 所示。

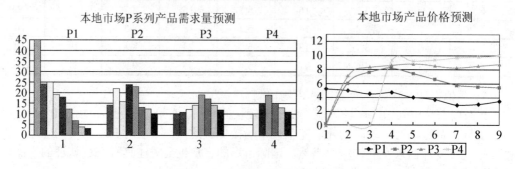

附图 A.16　9 家企业本地市场预测

附表 A-16　9家企业本地市场预测

	P1		P2		P3		P4	
	需求量	价格	需求量	价格	需求量	价格	需求量	价格
第1年	45	5.2	0	0	0	0	0	0
第2年	24	5	14	6.1	10	7.1	0	0
第3年	25	4.5	22	7.6	11	8.3	0	0
第4年	19	4.7	16	8.2	12	8.6	10	9.3
第5年	18	4	24	7.4	14	8.8	15	9.2
第6年	12	3.7	23	6.6	19	8.5	19	9.4
第7年	7	2.9	13	5.8	17	8.2	15	9.7
第8年	4	3	12	5.5	14	8.5	13	9.8
第9年	3	3.5	10	5.4	12	8.7	11	10

2) 模拟市场9家生产企业区域市场预测资料

区域市场的客户相对稳定，对P系列产品需求的变化很可能比较平衡。因为紧邻本地市场，所以对该市场产品的需求量的走势很可能与本地市场相似，价格趋势也应大致一样。该市场容量有限，对高端产品需求量也可能相对较小，但客户对产品的ISO 9000和ISO 14000认证可能有较高的要求。市场预测情况如附图A.17和附表A-17所示。

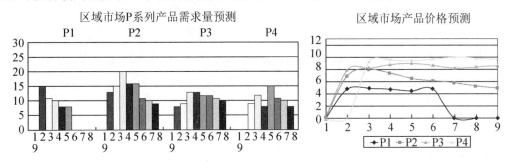

附图 A.17　9家企业区域市场预测

附表 A-17　9家企业区域市场预测

	P1		P2		P3		P4	
	需求量	价格	需求量	价格	需求量	价格	需求量	价格
第1年	0	0	0	0	0	0	0	0
第2年	15	4.8	13	7	8	7.9	0	0
第3年	11	4.9	15	8.1	9	8.2	9	9.2
第4年	10	4.8	20	7.5	13	8.8	12	9.5
第5年	8	4.5	16	6.5	13	9	8	9.4
第6年	8	4.8	16	6.2	12	8.7	15	9.7
第7年	0	0	11	5.8	12	8.2	11	10
第8年	0	0	10	5.3	11	8.4	10	9.8
第9年	0	0	9	5	10	8.6	8	9.7

3) 模拟市场 9 家生产企业国内市场预测资料

因 P1 产品带有较浓的地域色彩,估计国内市场对 P1 产品不会有持久的需求。但 P2 产品因更适合于国内市场,估计需求一直比较平稳。随着对 P 系列产品的逐渐认同,市场对 P3 产品的需求会发展较快。但对 P4 产品的需求就不一定像 P3 产品那样旺盛了。对高价值的产品来说,客户一定会更注重产品的质量认证。市场预测情况如附图 A.18 和附表 A-18 所示。

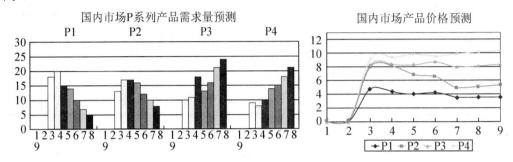

附图 A.18　9 家企业国内市场预测

附表 A-18　9 家企业国内市场预测

	P1		P2		P3		P4	
	需求量	价格	需求量	价格	需求量	价格	需求量	价格
第 1 年	0	0	0	0	0	0	0	0
第 2 年	0	0	0	0	0	0	0	0
第 3 年	18	4.7	13	8	10	8.2	9	9.2
第 4 年	20	4.3	17	8.1	11	8.3	8	9.4
第 5 年	15	4	17	6.9	18	8.2	10	9.8
第 6 年	14	4.2	16	6.5	13	8.7	14	9.5
第 7 年	10	3.5	12	4.9	16	7.9	15	9.9
第 8 年	7	3.5	10	5.1	21	8.1	18	10.1
第 9 年	5	3.5	8	5.3	24	8.3	21	10.3

4) 模拟市场 9 家生产企业亚洲市场预测资料

这个市场一向波动较大,所以对 P1 产品的需求可能起伏较大,估计对 P2 产品的需求走势与 P1 相似。但该市场对新产品很敏感,因此估计对 P3、P4 产品的需求量会发展较快,价格也可能不菲。另外,这个市场的消费者很看重产品的质量,所以没有 ISO 9000 和 ISO 14000 认证的产品可能很难销售。市场预测情况如附图 A.19 和附表 A-19 所示。

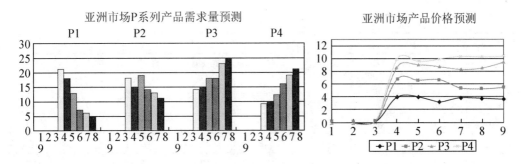

附图 A.19 9家企业亚洲市场预测

附表 A-19 9家企业亚洲市场预测

	P1		P2		P3		P4	
	需求量	价格	需求量	价格	需求量	价格	需求量	价格
第1年	0	0	0	0	0	0	0	0
第2年	0	0	0	0	0	0	0	0
第3年	0	0	0	0	0	0	0	0
第4年	21	3.9	18	6.7	14	8.6	9	9.9
第5年	18	4	15	6.6	15	9	10	9.5
第6年	13	3.2	19	6.6	18	8.7	12	9.9
第7年	7	3.8	14	5.3	18	8.3	16	10.3
第8年	6	3.7	13	5.2	23	8.5	19	10.2
第9年	5	3.6	11	5.4	25	9.3	21	10.4

5) 模拟市场9家生产企业国际市场预测资料

P系列产品进入国际市场可能需要一个较长的时期。有迹象表明，市场对P1产品已经有所认同，但还需要一段时间才能完全被市场接受。同样，市场对P2、P3和P4产品也会很谨慎地接受。需求发展较慢。当然，国际市场的客户也会关注具有ISO认证的产品。市场预测情况如附图A.20和附表A-20所示。

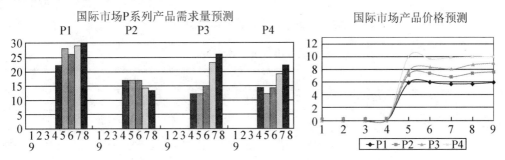

附图 A.20 9家企业国际市场预测

附表 A-20　9 家企业国际市场预测

	P1		P2		P3		P4	
	需求量	价格	需求量	价格	需求量	价格	需求量	价格
第 1 年	0	0	0	0	0	0	0	0
第 2 年	0	0	0	0	0	0	0	0
第 3 年	0	0	0	0	0	0	0	0
第 4 年	0	0	0	0	0	0	0	0
第 5 年	22	5.9	17	7.2	12	7.7	14	10
第 6 年	28	6	17	7.4	12	8.4	12	9.7
第 7 年	26	5.6	17	6.8	15	8	14	9.8
第 8 年	29	5.7	14	7.3	23	8.7	19	9.8
第 9 年	32	5.9	13	7.5	26	8.9	22	9.9

5. 模拟市场 10 家生产企业的市场预测资料

1) 模拟市场 10 家生产企业本地市场预测资料

本地市场将会持续发展，对低端产品的需求可能降低，伴随着需求的减少，低端产品的价格很可能会走低。后几年，随着高端产品的成熟，市场对 P3、P4 产品的需求将逐渐增加。由于客户质量意识的不断提高，接下来几年可能对产品的 ISO 9000 和 ISO 14000 认证有更多的需求。市场预测情况如附图 A.21 和附表 A-21 所示。

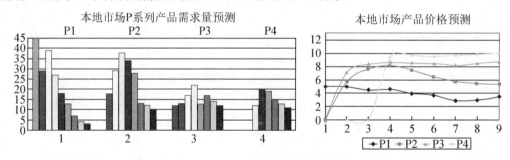

附图 A.21　10 家企业本地市场预测

附表 A-21　10 家企业本地市场预测

	P1		P2		P3		P4	
	需求量	价格	需求量	价格	需求量	价格	需求量	价格
第 1 年	51	5	0	0	0	0	0	0
第 2 年	29	5	18	5.8	12	7.1	0	0
第 3 年	39	4.5	29	7.6	13	8.3	0	0
第 4 年	27	4.6	38	8.2	17	8.6	12	9.3
第 5 年	18	4	34	7.5	22	8.5	20	9.7
第 6 年	13	3.7	28	6.5	13	8.5	19	9.5

续表

	P1		P2		P3		P4	
	需求量	价格	需求量	价格	需求量	价格	需求量	价格
第7年	7	2.9	13	5.8	17	8.2	15	9.7
第8年	4	3	12	5.5	14	8.5	13	9.8
第9年	3	3.5	10	5.4	12	8.7	11	10

2) 模拟市场10家生产企业区域市场预测资料

区域市场的客户相对稳定，对P系列产品需求的变化很可能比较平衡。因为紧邻本地市场，所以对该市场产品的需求量的走势很可能与本地市场相似，价格趋势也应大致一样。该市场容量有限，对高端产品需求量也可能相对较小，但客户对产品的ISO 9000和ISO 14000认证可能有较高的要求。市场预测情况如附图A.22和附表A-22所示。

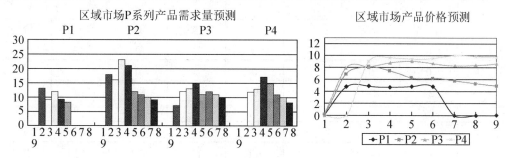

附图 A.22　10家企业区域市场预测

附表 A-22　10家企业区域市场预测

	P1		P2		P3		P4	
	需求量	价格	需求量	价格	需求量	价格	需求量	价格
第1年	0	0	0	0	0	0	0	0
第2年	13	4.8	18	6.9	7	7.9	0	0
第3年	9	4.9	16	8.1	12	8.1	12	9
第4年	12	4.7	23	7.5	13	8.8	13	9.6
第5年	9	4.9	21	6.2	15	9	17	9.4
第6年	8	4.8	12	6.2	11	8.7	15	9.5
第7年	0	0	11	5.8	12	8.2	11	10
第8年	0	0	10	5.3	11	8.4	10	9.8
第9年	0	0	9	5	10	8.6	8	9.7

3) 模拟市场10家生产企业国内市场预测资料

因P1产品带有较浓的地域色彩，估计国内市场对P1产品不会有持久的需求。但P2产品因更适合于国内市场，估计需求一直比较平稳。随着对P系列产品的逐渐认同，市场对P3产品的需求会发展较快。但对P4产品的需求就不一定像P3产品那样旺盛了。对高价值的产品来说，客户一定会更注重产品的质量认证。市场预测情况如附图A.23和附表A-23所示。

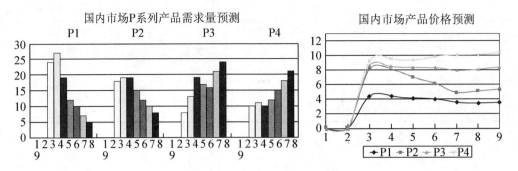

附图 A.23　10 家企业国内市场预测

附表 A-23　10 家企业国内市场预测

	P1		P2		P3		P4	
	需求量	价格	需求量	价格	需求量	价格	需求量	价格
第 1 年	0	0	0	0	0	0	0	0
第 2 年	0	0	0	0	0	0	0	0
第 3 年	24	4.4	18	8.1	8	8.4	10	9.2
第 4 年	27	4.4	19	8.1	13	8.4	11	9.4
第 5 年	19	4.1	19	7	19	8.3	10	9.3
第 6 年	12	4	15	6.1	17	8.3	12	9.8
第 7 年	10	3.5	12	4.9	16	7.9	15	9.9
第 8 年	7	3.5	10	5.1	21	8.1	18	10.1
第 9 年	5	3.5	8	5.3	24	8.3	21	10.3

4）模拟市场 10 家生产企业亚洲市场预测资料

这个市场一向波动较大，所以对 P1 产品的需求可能起伏较大，估计对 P2 产品的需求走势与 P1 相似。但该市场对新产品很敏感，因此估计对 P3、P4 产品的需求量会发展较快，价格也可能不菲。另外，这个市场的消费者很看重产品的质量，所以没有 ISO 9000 和 ISO 14000 认证的产品可能很难销售。市场预测情况如附图 A.24 和附表 A-24 所示。

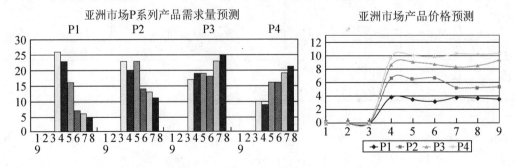

附图 A.24　10 家企业亚洲市场预测

附表 A-24　10 家企业亚洲市场预测

	P1		P2		P3		P4	
	需求量	价格	需求量	价格	需求量	价格	需求量	价格
第 1 年	0	0	0	0	0	0	0	0
第 2 年	0	0	0	0	0	0	0	0
第 3 年	0	0	0	0	0	0	0	0
第 4 年	26	3.9	23	6.7	17	8.6	10	9.7
第 5 年	23	3.5	20	6.6	19	9	9	10
第 6 年	16	3.2	23	6.7	19	8.7	16	9.8
第 7 年	7	3.8	14	5.3	18	8.3	16	10.3
第 8 年	6	3.7	13	5.2	23	8.5	19	10.2
第 9 年	5	3.6	11	5.4	25	9.3	21	10.4

5) 模拟市场 10 家生产企业国际市场预测资料

P 系列产品进入国际市场可能需要一个较长的时期。有迹象表明，市场对 P1 产品已经有所认同，但还需要一段时间才能完全被市场接受。同样，市场对 P2、P3 和 P4 产品也会很谨慎地接受。需求发展较慢。当然，国际市场的客户也会关注具有 ISO 认证的产品。市场预测情况如附图 A.25 和附表 A-25 所示。

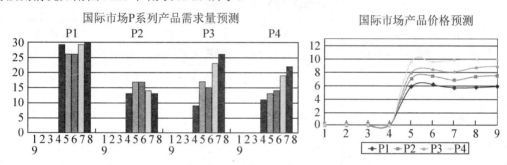

附图 A.25　10 家企业国际市场预测

附表 A-25　10 家企业国际市场预测

	P1		P2		P3		P4	
	需求量	价格	需求量	价格	需求量	价格	需求量	价格
第 1 年	0	0	0	0	0	0	0	0
第 2 年	0	0	0	0	0	0	0	0
第 3 年	0	0	0	0	0	0	0	0
第 4 年	0	0	0	0	0	0	0	0
第 5 年	29	5.8	13	7	9	7.8	11	9.6
第 6 年	26	6.1	17	7.3	17	8.3	13	9.5
第 7 年	26	5.6	17	6.8	15	8	14	9.8
第 8 年	29	5.7	14	7.3	23	8.7	19	9.8
第 9 年	32	5.9	13	7.5	26	8.9	22	9.9

6. 模拟市场11家生产企业的市场预测资料

1) 模拟市场11家生产企业本地市场预测资料

本地市场将会持续发展，对低端产品的需求可能降低，伴随着需求的减少，低端产品的价格很可能会走低。后几年，随着高端产品的成熟，市场对P3、P4产品的需求将逐渐增加。由于客户质量意识的不断提高，接下来几年可能对产品的ISO 9000和ISO 14000认证有更多的需求。市场预测情况如附图A.26和附表A-26所示。

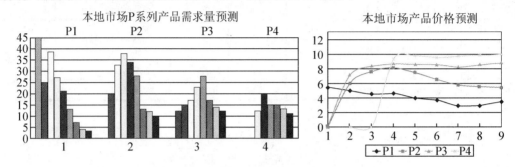

附图A.26　11家企业本地市场预测

附表A-26　11家企业本地市场预测

	P1		P2		P3		P4	
	需求量	价格	需求量	价格	需求量	价格	需求量	价格
第1年	51	5.4	0	0	0	0	0	0
第2年	25	5	20	6	12	7.1	0	0
第3年	39	4.5	33	7.6	15	8.3	0	0
第4年	27	4.6	38	8.1	17	8.6	12	9.3
第5年	21	4	34	7.5	23	8.5	20	9.7
第6年	13	3.7	28	6.5	28	8.5	15	9.5
第7年	7	2.9	13	5.8	17	8.2	15	9.7
第8年	4	3	12	5.5	14	8.5	13	9.8
第9年	3	3.5	10	5.4	12	8.7	11	10

2) 模拟市场11家生产企业区域市场预测资料

区域市场的客户相对稳定，对P系列产品需求的变化很可能比较平衡。因为紧邻本地市场，所以对该市场产品的需求量的走势很可能与本地市场相似，价格趋势也应大致一样。该市场容量有限，对高端产品需求量也可能相对较小，但客户对产品的ISO 9000和ISO 14000认证可能有较高的要求。市场预测情况如附图A.27和附表A-27所示。

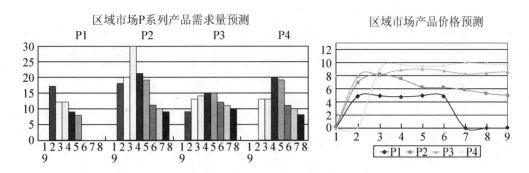

附图 A.27　11 家企业区域市场预测

附表 A-27　11 家企业区域市场预测

	P1		P2		P3		P4	
	需求量	价格	需求量	价格	需求量	价格	需求量	价格
第1年	0	0	0	0	0	0	0	0
第2年	17	4.8	18	6.9	9	7.9	0	0
第3年	12	4.9	20	8.1	13	8.1	13	9
第4年	12	4.7	30	7.5	14	8.8	13	9.6
第5年	9	4.9	21	6.2	15	9	20	9.4
第6年	8	4.8	19	6.2	15	8.7	19	9.5
第7年	0	0	11	5.8	12	8.2	11	10
第8年	0	0	10	5.3	11	8.4	10	9.8
第9年	0	0	9	5	10	8.6	8	9.7

3) 模拟市场 11 家生产企业国内市场预测资料

因 P1 产品带有较浓的地域色彩，估计国内市场对 P1 产品不会有持久的需求。但 P2 产品因更适合于国内市场，估计需求一直比较平稳。随着对 P 系列产品的逐渐认同，市场对 P3 产品的需求会发展较快。但对 P4 产品的需求就不一定像 P3 产品那样旺盛了。对高价值的产品来说，客户一定会更注重产品的质量认证。市场预测情况如附图 A.28 和附表 A-28 所示。

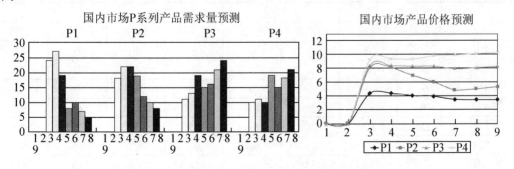

附图 A.28　11 家企业国内市场预测

附表 A-28　11 家企业国内市场预测

	P1		P2		P3		P4	
	需求量	价格	需求量	价格	需求量	价格	需求量	价格
第1年	0	0	0	0	0	0	0	0
第2年	0	0	0	0	0	0	0	0
第3年	24	4.4	18	8.1	11	8.4	10	9.2
第4年	27	4.4	22	8.1	13	8.4	11	9.4
第5年	19	4.1	22	7	19	8.3	10	9.3
第6年	8	4	19	6.1	15	8.3	19	9.8
第7年	10	3.5	12	4.9	16	7.9	15	9.9
第8年	7	3.5	10	5.1	21	8.1	18	10.1
第9年	5	3.5	8	5.3	24	8.3	21	10.3

4）模拟市场 11 家生产企业亚洲市场预测资料

这个市场一向波动较大，所以对 P1 产品的需求可能起伏较大，估计对 P2 产品的需求走势与 P1 相似。但该市场对新产品很敏感，因此估计对 P3、P4 产品的需求量会发展较快，价格也可能不菲。另外，这个市场的消费者很看重产品的质量，所以没有 ISO 9000 和 ISO 14000 认证的产品可能很难销售。市场预测情况如附图 A.29 和附表 A-29 所示。

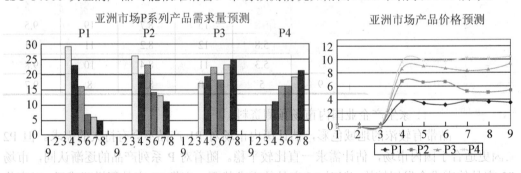

附图 A.29　11 家企业亚洲市场预测

附表 A-29　11 家企业亚洲市场预测

	P1		P2		P3		P4	
	需求量	价格	需求量	价格	需求量	价格	需求量	价格
第1年	0	0	0	0	0	0	0	0
第2年	0	0	0	0	0	0	0	0
第3年	0	0	0	0	0	0	0	0
第4年	29	3.9	26	6.7	17	8.6	10	9.7
第5年	23	3.5	20	6.6	19	9	11	10
第6年	16	3.2	23	6.7	22	8.7	16	9.8
第7年	7	3.8	14	5.3	18	8.3	16	10.3
第8年	6	3.7	13	5.2	23	8.5	19	10.2
第9年	5	3.6	11	5.4	25	9.3	21	10.4

5) 模拟市场 11 家生产企业国际市场预测资料

P 系列产品进入国际市场可能需要一个较长的时期。有迹象表明，市场对 P1 产品已经有所认同，但还需要一段时间才能完全被市场接受。同样，市场对 P2、P3 和 P4 产品也会很谨慎地接受。需求发展较慢。当然，国际市场的客户也会关注具有 ISO 认证的产品。市场预测情况如附图 A.30 和附表 A-30 所示。

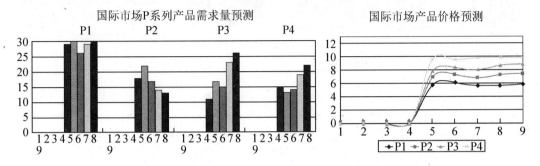

附图 A.30　11 家企业国际市场预测

附表 A-30　11 家企业国际市场预测

	P1		P2		P3		P4	
	需求量	价格	需求量	价格	需求量	价格	需求量	价格
第1年	0	0	0	0	0	0	0	0
第2年	0	0	0	0	0	0	0	0
第3年	0	0	0	0	0	0	0	0
第4年	0	0	0	0	0	0	0	0
第5年	29	5.8	18	7	11	7.8	15	9.6
第6年	32	6.1	22	7.3	17	8.3	13	9.5
第7年	26	5.6	17	6.8	15	8	14	9.8
第8年	29	5.7	14	7.3	23	8.7	19	9.8
第9年	32	5.9	13	7.5	26	8.9	22	9.9

7. 模拟市场 12 家生产企业的市场预测资料

1) 模拟市场 12 家生产企业本地市场预测资料

本地市场将会持续发展，对低端产品的需求可能降低，伴随着需求的减少，低端产品的价格很可能会走低。后几年，随着高端产品的成熟，市场对 P3、P4 产品的需求将逐渐增加。由于客户质量意识的不断提高，接下来几年可能对产品的 ISO 9000 和 ISO 14000 认证有更多的需求。市场预测情况如附图 A.31 和附表 A-31 所示。

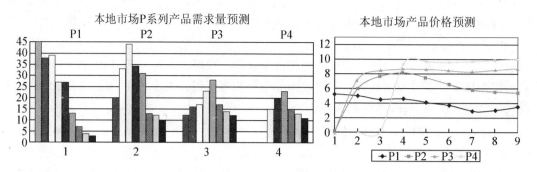

附图 A.31　12 家企业本地市场预测

附表 A-31　12 家企业本地市场预测

	P1		P2		P3		P4	
	需求量	价格	需求量	价格	需求量	价格	需求量	价格
第 1 年	60	5.2	0	0	0	0	0	0
第 2 年	38	5	20	5.9	12	7.1	0	0
第 3 年	39	4.5	33	7.6	16	8.4	0	0
第 4 年	27	4.6	44	8.1	17	8.6	15	9.3
第 5 年	27	4.1	34	7.5	23	8.6	20	9.7
第 6 年	13	3.7	31	6.5	28	8.4	23	9.5
第 7 年	7	2.9	13	5.8	17	8.2	15	9.7
第 8 年	4	3	12	5.5	14	8.5	13	9.8
第 9 年	3	3.5	10	5.4	12	8.7	11	10

2) 模拟市场 12 家生产企业区域市场预测资料

区域市场的客户相对稳定，对 P 系列产品需求的变化很可能比较平衡。因为紧邻本地市场，所以对该市场产品的需求量的走势很可能与本地市场相似，价格趋势也应大致一样。该市场容量有限，对高端产品需求量也可能相对较小，但客户对产品的 ISO 9000 和 ISO 14000 认证可能有较高的要求。市场预测情况如附图 A.32 和附表 A-32 所示。

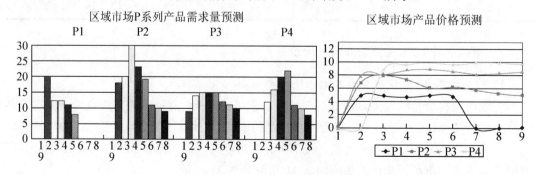

附图 A.32　12 家企业区域市场预测

附录 A 市场预测资料

附表 A-32　12 家企业区域市场预测

	P1		P2		P3		P4	
	需求量	价格	需求量	价格	需求量	价格	需求量	价格
第 1 年	0	0	0	0	0	0	0	0
第 2 年	20	4.9	18	6.9	9	7.9	0	0
第 3 年	12	4.9	20	8	14	8.1	12	9
第 4 年	12	4.7	30	7.4	15	8.8	16	9.6
第 5 年	11	4.9	23	6.1	15	9	20	10.2
第 6 年	8	4.8	19	6.3	15	8.7	22	9.6
第 7 年	0	0	11	5.8	12	8.2	11	10
第 8 年	0	0	10	5.3	11	8.4	10	9.8
第 9 年	0	0	9	5	10	8.6	8	9.7

3) 模拟市场 12 家生产企业国内市场预测资料

因 P1 产品带有较浓的地域色彩，估计国内市场对 P1 产品不会有持久的需求。但 P2 产品因更适合于国内市场，估计需求一直比较平稳。随着对 P 系列产品的逐渐认同，市场对 P3 产品的需求会发展较快。但对 P4 产品的需求就不一定像 P3 产品那样旺盛了。对高价值的产品来说，客户一定会更注重产品的质量认证。市场预测情况如附图 A.33 和附表 A-33 所示。

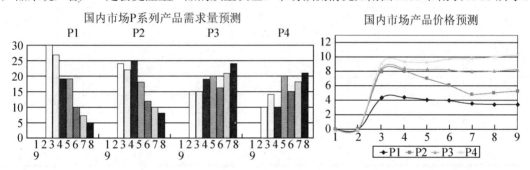

附图 A.33　12 家企业国内市场预测

附表 A-33　12 家企业国内市场预测

	P1		P2		P3		P4	
	需求量	价格	需求量	价格	需求量	价格	需求量	价格
第 1 年	0	0	0	0	0	0	0	0
第 2 年	0	0	0	0	0	0	0	0
第 3 年	30	4.4	24	8.1	15	8.4	10	9.2
第 4 年	27	4.4	22	8.1	15	8.4	14	9.4
第 5 年	19	4.1	25	7	19	8.3	10	9.3
第 6 年	19	4	18	6.1	20	8.3	20	9.8
第 7 年	10	3.5	12	4.9	16	7.9	15	9.9
第 8 年	8	3.5	10	5.1	21	8.1	18	10.1
第 9 年	5	3.5	8	5.3	24	8.3	21	10.3

4) 模拟市场 12 家生产企业亚洲市场预测资料

这个市场一向波动较大,所以对 P1 产品的需求可能起伏较大,估计对 P2 产品的需求走势与 P1 相似。但该市场对新产品很敏感,因此估计对 P3、P4 产品的需求量会发展较快,价格也可能不菲。另外,这个市场的消费者很看重产品的质量,所以没有 ISO 9000 和 ISO 14000 认证的产品可能很难销售。市场预测情况如附图 A.34 和附表 A-34 所示。

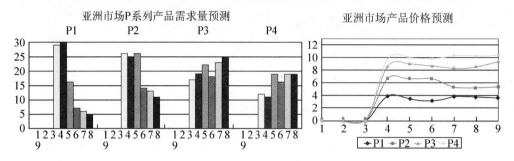

附图 A.34　12 家企业亚洲市场预测

附表 A-34　12 家企业亚洲市场预测

	P1		P2		P3		P4	
	需求量	价格	需求量	价格	需求量	价格	需求量	价格
第 1 年	0	0	0	0	0	0	0	0
第 2 年	0	0	0	0	0	0	0	0
第 3 年	0	0	0	0	0	0	0	0
第 4 年	29	3.9	26	6.7	17	8.6	12	9.7
第 5 年	30	3.5	25	6.6	19	9	11	10
第 6 年	16	3.2	26	6.7	22	8.7	19	9.8
第 7 年	7	3.8	14	5.3	18	8.3	16	10.3
第 8 年	6	3.7	13	5.2	23	8.5	19	10.2
第 9 年	5	3.6	11	5.4	25	9.3	21	10.4

5) 模拟市场 12 家生产企业国际市场预测资料

P 系列产品进入国际市场可能需要一个较长的时期。有迹象表明,市场对 P1 产品已经有所认同,但还需要一段时间才能完全被市场接受。同样,市场对 P2、P3 和 P4 产品也会很谨慎地接受。需求发展较慢。当然,国际市场的客户也会关注具有 ISO 认证的产品。市场预测情况如附图 A.35 和附表 A-35 所示。

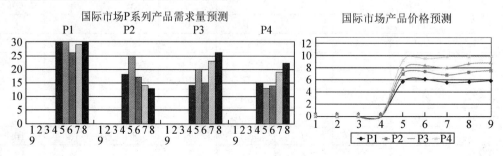

附图 A.35　12 家企业国际市场预测

附表 A-35　12 家企业国际市场预测

	P1		P2		P3		P4	
	需求量	价格	需求量	价格	需求量	价格	需求量	价格
第 1 年	0	0	0	0	0	0	0	0
第 2 年	0	0	0	0	0	0	0	0
第 3 年	0	0	0	0	0	0	0	0
第 4 年	0	0	0	0	0	0	0	0
第 5 年	31	5.8	18	7	14	7.8	15	9.2
第 6 年	35	6.1	25	7.3	20	8.3	13	9.5
第 7 年	26	5.6	17	6.8	15	8	14	9.8
第 8 年	29	5.7	14	7.3	23	8.7	19	9.8
第 9 年	32	5.9	13	7.5	26	8.9	22	9.9

附录 B

ERP 沙盘模拟实用工具

ERP 沙盘模拟实用工具见附表 B-1～附表 B-4。

附表 B-1　新年度规划表

	项　目	内　容
1	产品组合	
2	市场组合及广告策略	
3	市场开拓规划	
4	产品研发规划	
5	ISO 资格认证规划	
6	生产线建设规划	
7	厂房购置、租赁规划	

附表 B-2　企业产能表

	P1		P2		P3		P4	
	本季产出	累计产量	本季产出	累计产量	本季产出	累计产量	本季产出	累计产量
年初库存								
1Q								
2Q								
3Q								
4Q								

附表 B-3　生产计划表

年　份	季　度	P1	P2	P3	P4
本年度	1Q				
	2Q				
	3Q				
	4Q				

续表

年份	季度	P1	P2	P3	P4
下年度	1Q				
	2Q				

附表 B-4　原材料采购计划表

	R1				R2			
	季初库存	本季入库	本季使用	本季订购	季初库存	本季入库	本季使用	本季订购
1Q								
2Q								
3Q								
4Q								
下年1Q								

	R3				R4			
	季初库存	本季入库	本季使用	本季订购	季初库存	本季入库	本季使用	本季订购
1Q								
2Q								
3Q								
4Q								
下年1Q								
下年2Q								

参 考 文 献

[1] 刘良惠. ERP沙盘博弈对抗实验教程[M]. 北京：清华大学出版社，2011.

[2] 杨锡怀. 企业战略管理[M]. 3版. 北京：高等教育出版社，2010.

[3] 吕一林. 市场营销学[M]. 2版. 北京：科学出版社，2010.

[4] 周三多. 管理学[M]. 5版. 上海：复旦大学出版社，2011.

[5] 李爱香. 企业财务管理[M]. 北京：机械工业出版社，2011.

[6] 陈荣秋. 生产运作管理[M]. 3版. 北京：机械工业出版社，2009.

北京大学出版社本科电子商务与信息管理类教材(已出版)

序号	标准书号	书 名	主编	定价
1	7-301-12349-2	网络营销	谷宝华	30.00
2	7-301-12351-5	数据库技术及应用教程(SQL Server版)	郭建校	34.00
3	7-301-17475-3	电子商务概论(第2版)	庞大莲	42.00
4	7-301-12348-5	管理信息系统	张彩虹	36.00
5	7-301-13633-1	电子商务概论	李洪心	30.00
6	7-301-12323-2	管理信息系统实用教程	李 松	35.00
7	7-301-14306-3	电子商务法	李 瑞	26.00
8	7-301-14313-1	数据仓库与数据挖掘	廖开际	28.00
9	7-301-12350-8	电子商务模拟与实验	喻光继	22.00
10	7-301-14455-8	ERP原理与应用教程	温雅丽	34.00
11	7-301-14080-2	电子商务原理及应用	孙 睿	36.00
12	7-301-15212-6	管理信息系统理论与应用	吴 忠	30.00
13	7-301-15284-3	网络营销实务	李蔚田	42.00
14	7-301-15474-8	电子商务实务	仲 岩	28.00
15	7-301-15480-9	电子商务网站建设	臧良运	32.00
16	7-301-24930-7	网络金融与电子支付(第2版)	李蔚田	45.00
17	7-301-23803-5	网络营销(第2版)	王宏伟	36.00
18	7-301-16557-7	网络信息采集与编辑	范生万	24.00
19	7-301-16596-6	电子商务案例分析	曹彩杰	28.00
20	7-301-16717-5	电子商务概论	杨雪雁	32.00
21	7-301-05364-5	电子商务英语	覃 正	30.00
22	7-301-16911-7	网络支付与结算	徐 勇	34.00
23	7-301-17044-1	网上支付与安全	帅青红	32.00
24	7-301-16621-5	企业信息化实务	张志荣	42.00
25	7-301-17246-9	电子化国际贸易	李辉作	28.00
26	7-301-17671-9	商务智能与数据挖掘	张公让	38.00
27	7-301-19472-0	管理信息系统教程	赵天唯	42.00
28	7-301-15163-1	电子政务	原忠虎	38.00
29	7-301-19899-5	商务智能	汪 楠	40.00
30	7-301-19978-7	电子商务与现代企业管理	吴菊华	40.00
31	7-301-20098-8	电子商务物流管理	王小宁	42.00
32	7-301-20485-6	管理信息系统实用教程	周贺来	42.00
33	7-301-21044-4	电子商务概论	苗 森	28.00
34	7-301-21245-5	管理信息系统实务教程	魏厚清	34.00
35	7-301-22125-9	网络营销	程 虹	38.00
36	7-301-22122-8	电子证券与投资分析	张德存	38.00
37	7-301-22118-1	数字图书馆	奉国和	30.00
38	7-301-22350-5	电子商务安全	蔡志文	49.00
39	7-301-22121-1	电子商务法	郭 鹏	38.00
40	7-301-22393-2	ERP沙盘模拟教程	周 菁	26.00
41	7-301-22779-4	移动商务理论与实践	柯 林	43.00
42	7-301-23071-8	电子商务项目教程	芦 阳	45.00
43	7-301-23735-9	ERP原理及应用	朱宝慧	43.00
44	7-301-25277-2	电子商务理论与实务	谭玲玲	40.00

如您需要更多教学资源如电子课件、电子样章、习题答案等，请登录北京大学出版社第六事业部官网 www.pup6.cn 搜索下载。

如您需要浏览更多专业教材，请扫下面的二维码，关注北京大学出版社第六事业部官方微信（微信号：pup6book），随时查询专业教材、浏览教材目录、内容简介等信息，并可在线申请纸质样书用于教学。

感谢您使用我们的教材，欢迎您随时与我们联系，我们将及时做好全方位的服务。联系方式：010-62750667，dreamliu3742@163.com，pup_6@163.com，lihu80@163.com，欢迎来电来信。客户服务QQ号：1292552107，欢迎随时咨询。